群 星 璀 璨

——江苏省溧水中等专业
学校优秀毕业生风采录

潘惠明　主编

合肥工业大学出版社

编审委员会

主　任　高虎英

副主席　端义友

委　员　曾宪生　吕栋山　张志和　孙　祥

编写人员

编　撰　南京市溧水区作家协会

主　编　潘惠明

副主编　俞祚兴

统　筹　周承胜

校　对　潘毅然

撰　稿　潘惠明　俞祚兴　陈春生　尹兆梅

　　　　谷玲玲　王　璐　张　健　宋新鸿

前　言

　　新时代，国家正大力支持职业教育的发展，全面推进现代职业教育体系建设。习近平总书记在十九大报告中指出，"完善职业教育和培训体系，深化产教融合、校企合作"，为新时代职业教育开启新征程指明了前进方向。随着我国进入新的发展阶段，产业升级和经济结构调整不断加快，各行各业对技术技能人才的需求越来越紧迫，职业教育重要地位和作用越来越凸显。站在服务国家战略最前沿，职业教育主动对接建设创新型国家、中国制造 2025 等国家战略，主动服务科技强国、质量强国等领域，培养培训数以亿计的知识型、技能型、创新型高素质劳动者和技术技能人才，为促进经济社会发展和提高国家竞争力提供优质人才资源支撑。

　　站在时代潮头，江苏省溧水中等专业学校（以下简称"溧水中专"）正以生机勃勃的活力和自强不息的进取精神，迈入一个崭新的发展阶段。学校以习近平新时代中国特色社会主义思想为指导，牢牢抓住国家大力支持和倡导职业教育的契机，始终践行"行业、企业、专业；成人、成功、成才"的办学理念，结合实际、着眼长远，坚持以职教为特色，以服务为宗旨，以市场为导向，以就业为目标，以质量求生存，以创新促发展，高质量地开展职业教育和技能培训，努力实现学校专业建设、基础设施建设、校园文化建设、教育教学质量及就业质量的跨越式发展。通过出校入企，建立企业课堂，"现代学徒制"人才培养模式，为企业量身定做技术技能型人才。办学30多年来，学校扎根于职业教育，专注于职业教育，深耕于职业教育，为社会培养出了大量优秀的技术技能型人才。而走上社会岗位后的溧水中专毕业学子也如同那辽阔夜空的闪耀群星，发出属于自己的璀璨光芒！

《群星璀璨——江苏省溧水中等专业学校优秀毕业生风采录》正是一本记录溧水中专毕业生闪亮星光的"群星谱"。本书收集了18位溧水中专优秀毕业生的奋斗事迹，他们分别来自建筑、财会、计算机、外贸、机械等不同专业，毕业于1984—2009年不同年份。这些优秀毕业生中，有的是一心为民、勇于担当的党员干部，有的是叱咤风云的商场骄子，有的是企业器重的技术能手。他或她，在这本书中向我们生动地呈现了职校生成长、成才和成功的故事。从这些优秀毕业生的事迹中，我们不难发现，职校生多从基层做起，从一线技工做起，起点并不高，但在奋斗过程中，他们坚持学习，掌握过硬的技能；有坚定的信念，遇到挫折不认输；善于思考，能抓住机遇，做出正确选择。

本书旨在梳理和探索溧水中专毕业生发展路径的同时，展示了学校近年来的办学成果，并进一步指导在校学生学习优秀毕业生的成长经验，学会合理进行职业规划，也为职业教育工作者提供有益借鉴和参考。本书采用故事讲述的方式，分小标题对每个人物进行描述，辅之以生动的案例，编者收集了学生毕业多年后的人生感悟。由于篇幅限制，不能穷尽所有溧水中专毕业生的优秀事迹，只能通过这些代表让读者了解溧水中专优秀毕业生之风采，并从他们奋斗的历程中得到启发。希望在读的职校生懂得做好职业规划，向书中的优秀毕业生学习，打好扎实的基础，不懈努力，创造出彩人生！

本书在编写过程中，得到了溧水中专各级领导和教师、《职业》杂志社驻江苏办事处的大力帮助，在此一并表示感谢。

由于水平及时间有限，书中难免会存在不足之处，诚恳希望大家不吝批评和指正，以利于我们今后工作的进一步完善。对您的支持和帮助，我们表示衷心感谢！

编　者

2019 年 4 月

目　录

用脚步丈量土地　用肩膀担当责任

——记江苏省溧水中等专业学校
1989 届优秀毕业生胡瑞明

文/尹兆梅

　　"老胡，这个公路建设项目征地的土地、青苗和附着物补偿标准咋是这样？我们看不懂，你给说说看。"溧水区几个村民拉着一个皮肤黝黑、态度和蔼的中年人问道。只见他从公文包里拿出一沓资料，快速翻到补偿标准那一页，用笔指着其中的条款，耐心地给提问的村民讲解着。在老胡深入浅出、生动有趣的解释下，村民们连连点头，很快明白了补偿标准。

　　"老胡"是谁？在村民眼中，他是始终"心里装着老百姓"的贴心人；在同事的眼中，他是做事一丝不苟、认真负责的"工作狂"；在领导眼中，他是作风求实、行动务实的好干部。他就是南京市溧水区开发区规划局副局长胡瑞明，是从江苏省溧水中等专业学校走出来的优秀毕业生。

　　从政数十载，胡瑞明始终牢记一名党员干部的职责，他常说："干部要对群众负责，为群众谋福祉，群众才能服你、信你！"

走进校门，学会承担责任

胡瑞明是土生土长的溧水人。1969 年 11 月，他出生于溧水团山一个贫困家庭，兄弟姊妹三人，父母都是没什么文化的农民。胡瑞明是家中最小的孩子，也是学习最好的孩子。

1986 年，胡瑞明从团山中学毕业。还未成年的他面临了人生中第一个重大抉择：上普通高中还是职校？贫困的家境使他比同龄人多了一份成熟和对家庭的责任感。胡瑞明想，如果读普通高中，虽然有上大学的希望，但高昂的大学学费是家里难以承担的。如果读职业学校，不仅能够学到一技之长，未来还能够早一点工作挣钱，分担父母的压力。在跟父母商量后，胡瑞明毅然报考了江苏省溧水中等专业学校（原溧水县职业中学）的中专班，成了 1986 级工民建班的一分子。

溧水职业中学为了适应企业用人的需要，非常注重学生的实践能力培养，注重学生一技之长的培养，这刚好符合了胡瑞明平时爱捣鼓、爱动手的性格。在学习上，由于他上课积极思考、动手能力强，成绩一直名列前茅。

在学校里，胡瑞明最敬佩、最喜欢的老师是他的班主任杨福寿老师。杨老师是一位工作踏实、责任心强、富有爱心的老师。在教学中，他尊重学生，热爱学生，注重激发学生的学习兴趣，培养学生良好的学习习惯。在班级管理方面，杨老师善于发现学生的闪光点，并给予学生展现的机会。

在班上，或许是由于农村出身，胡瑞明虽然学习成绩很好，但少言寡语，属于老实听话、不太显眼的那类学生。在一次自习课上，杨老师发现胡瑞明的本子上画着一副非常好看的简笔画，就问胡瑞明这是谁画的？胡瑞明有些不好意思地答道："是我。"杨老师才发现，这个平时不爱说话的大男孩竟画得一手好画。为了发挥胡瑞明的这个特长，杨老师把班级出黑板报的任务全权交给了他。刚开始，胡瑞明不太自信，担心自己做不好。杨老师鼓励他道："没关系，老师相信你，你一定可以的。"带着杨老师的信任，胡瑞明利用课余时间，从报纸、杂志、广播中收集大量板报素材。每次出黑板报之前，摘取什么内容、写什么字、用什么颜色、怎么排版、如何配图，他都会精心设计一番。特别是黑板报上的配图，牵牛花、玫瑰花、老鹰、公牛等图案，无一不画得栩栩如生，让全校师生赞不绝口。虽然每次出黑板报都很辛苦，胡瑞明常常要在放学后留两三个小时独自画黑板报，但因为每一期黑板报都很漂亮，胡瑞明从此在学校无人不知、无人不晓。这也让胡瑞明早早明白了"人生须知负责任的苦处，才能知道尽责任的乐趣"的道理。

不断学习，奠定担当的基石

1989 年，胡瑞明从溧水县职业中学毕业，分配到城郊建筑公司当技术员。可那一年，全国建筑业大萧条，整个建筑市场不景气，在建筑公司几乎看不到发展前途，胡瑞明只能另寻出路。他听从在红光机械厂当车间干部的大哥的劝导，到大哥的厂里当了一名机械加工工人。由于不是正式工，胡瑞明在机械厂干着最苦最累的活，但他没有气馁，而是不断学习、提高自己。千分尺不识，找同事问；机械制图不会，到图书馆借书恶补；他还拿学校学习的工民建工程图纸和机械制图对比，去找共同点。由于在中专时奠定的扎实画图基础，他很快就学会了机械制图。通过不懈努力，胡瑞明很快成了厂里的技术能手，连老师傅们都佩服他这种刻苦钻研的精神，为他的神速进步点赞。后来，大哥告诉他，县钢铁厂招正式编制的工人，胡瑞明立刻报名，被顺利录取。

除了钻研工作技术，胡瑞明还是一位充满浪漫幻想的文学青年。闲暇时，胡瑞明喜欢看书。那时，身边能读的书很少，凡是能借到的书，他都借回家去读。有时遇到一本好书，甚至连饭都顾不上吃也要把它看完。每月拿的工资除了必要的开支外，他都用来买书，常常一去书店就带回来一摞书。他读的书包括雪莱、普希金的诗歌，大仲马、福楼拜的小说，蒙田、卢梭的散文等。"腹有诗书气自华"，这些书培养了他的文学气质，让他学习到了许多人生哲理，提高了他的智慧。

虽然胡瑞明在县钢铁厂干得不错，但他对工民建专业依然有着难以割舍的情结。在读文学作品的同时，他从没放下专业学习，希望有朝一日能做回"本专业"工作。机会总是留给有准备的人，不久胡瑞明听到了一个消息：溧水县建设局招工了。他果断报名参加考试，经过努力，他又一次顺利入围。经过半年的专业培训和进修，他因为成绩优秀而被留在了建设局。从此，他开始了长达多年的城镇规划工作。

勤奋实践，扛起职责大旗

规划是城市管理的第一要务。要想做好城镇规划，"规"出优势，"划"出特色，胡瑞明认为，要避免闭门造车，"纸上规划"，最重要的是必须做好调研工作，一定要亲自用脚去量、用眼去看、用脑去想，要从实际需求出发，掌握城镇建设最真实的状况，了解一线群众最真实的需求，摸清最详细的地域资料，才能制定出科学合理的规划方案，这样才能保证"一张蓝图"干到底。

2002 年，胡瑞明担任建设局村镇科科长。为了获得乡镇建房的第一手资料，他跑遍了全县 92 个行政村。全县 2580 个村庄，几乎每一处都留下了他的足迹。至今，每每有人提起一个村名，具体在哪一个方位，有多少户人家，他马上就能一一道来，被大家戏称为"溧水县活地图"。他常常对新入职的年轻人说："只有在实践中才能更深刻地体验书本中的理论，只有在实践中才能学到更深层次的知识。"为此，他要求考入建设局的大学毕业生拿着图纸跑实地，把各个城镇的边边角角都弄清楚，跑到心里能清楚地绘出一幅地图再回来。

在建设局，胡瑞明除了分管村镇私房建设规划、单位建房规划，还曾分管道路再建规划工作，参与溧水县（现溧水区）"六路四桥两场"建设。那时，道路放线还没有激光测距仪等精密设备，只能靠现场拉皮尺一米一米地实地量测。有一次，在为南门毓秀路道路规划时，水泥制品厂的一栋大楼的现场测量数据与原始图纸不相符。胡瑞明急得吃不好、睡不好，非要找出原因不可。放线放了一个礼拜，但无论怎么测、怎么量，数据还是对不上，最后胡瑞明对原始图纸产生了怀疑。后来，经反复核实，几经测算，最终证实是原始图纸上的大楼标注数据错了。正是靠着这种认真负责的工作态度和扎实细致的工作作风，胡瑞明准确无误地如期完成放线任务，并受到上级、群众和施工方的一致好评。

城镇规划是一项综合性工作，涉及面广，条条框框也特别多，是一个集万千细微之处于一体的部门，牵涉我国100多种法律法规，每一个项目的审批过程都必须缜密而严谨，只要规划中有一点点不合理，就可能导致审批建设项目流产。金陵晚报社、南京电视台等本地媒体，也时常关注城市规划的缺陷与漏洞，建设局受到投诉与解决投诉问题是常有的事。

胡瑞明在接受媒体采访时，一直坦诚相待，从不回避。对涉及的敏感问题，他总是以事实为依据，从专业的角度，以渊博的理论知识、过硬的业务水平、周密的语言技巧，给予群众圆满的答复。就连南京电视台民生类新闻栏目主持人东升都不得不佩服他"咬文嚼字"的才能。

坚持原则，坚守责任的底线

常言道：真正的管理者必须有择善固执、据理力争、接纳指正、不推卸责任的精神。而责任的意义就在于一个人对自己做过的事情在任何情形下都有所担当。胡瑞明就是这么做的！

1993年11月，溧水经济开发区经江苏省政府批准为首批省级开发区；2005年12月，国家发改委审核通过了省级开发区认证。开发区内有各类企业近百家，其中外资企业60余家。开发区辖有17个村（居）和1个果园，近年为加快建设，经常有村（居）要拆迁。

　　2013 年，他时任溧水区开发区规划科科长。在开发区拆迁安置地点的选址规划项目中，虽然每个所选地点都是经过集体多次调研论证决定的，但在规划上报时，有些人认为农民拆迁安置点的选址还不够恰当，想要再挪挪。胡瑞明在讨论会上直言：老百姓住房安置问题是最重要的民生问题，老百姓的安置房的要求决不能低于商品房要求；只有安居，才能乐业。让老百姓舒服便利地生活，这是回馈老百姓支持开发区建设的最好方式。开发区的规划，是综合考虑多种因素，经过多方征求意见后定下来的，一般情况下要尊重规划，不能随意变更。在他的据理力争下，拆迁安置房选址最终得以通过，政府把最合适的安置房位置留给了老百姓。老百姓赞誉有加，为拆迁工作打下了坚实基础，有力地支持了开发区的跨越式发展。因为这件事，当时的建设局局长夸他业务能力强，办事认真讲原则，对他的城镇规划工作相当满意。

　　在新的历史时期，规划部门的服务功能日益凸显。胡瑞明善于抓住时代的机遇，开拓新思维，提出新理念。他经常对工作人员进行业务培训时灌输"引进工业项目时，规划部门要以服务为本，为企业提供合理、优化的规划是首要责任，大小项目一视同仁"的理念。"对董明珠一百亿的银隆新能源项目，必须做好规划服务；对其他小项目，也要做好服务。只要对溧水发展有益的企业，都要服务好。"胡瑞明建议每个人都要加强自身能力的培养，提高语言表达能力，强化办事能力，提高自身素质。在工作中学会换位思考，急他人之所急，忧他人之所忧，把服务创优当作一种责任去承诺，去践行！

　　胡瑞明就是这样一位一心装着工作和百姓，有着强烈的使命意识、勇毅的使命担当、坚定的使命自信的共产党员，在平凡的工作岗位上做出了不平凡的贡献，为我们树立了光辉榜样。

人生感悟：

这世上有两样东西是别人抢不走的：一是藏在心中的梦想，二是读进大脑的书。

永远正青春

——记江苏省溧水中等专业学校
1993届优秀毕业生张莉

文/谷玲玲

有人说，美丽的东西都是短暂的，如烟花，如昙花，如青春。然而，如果一个人一直保持奋斗不止的进取状态，百折不挠，勇往直前，那么她永远都是最美的，她的青春也将永不凋谢。我认识的张莉，就是这样一个传奇女子，她既普通又不平凡，她有着姣好的容颜也有着昂扬的奋斗精神，她用汗水谱写最美年华。在我眼中，她永远正青春。

为生活，放弃梦想学机械

1990年，15岁的张莉考入了江苏省溧水中等专业学校（原溧水县职业中学），其实，以张莉的成绩完全可以读普通高中。可张莉从小就是一个懂事的孩子，她考虑到自己还有两个姐妹，家庭经济比较困难，就毅然放弃了读普通高中、考大学的愿望，转而选择了职业学校，以便能早一点进入社会参加工作，减轻父母的沉重负担。张莉语文、英语成绩都很好，比较喜欢文科。按照常理，她应该选择读文科专业比较好，但是为了今后求职更顺利，她毅然选择了理科专业——机械中专班。

为了能有一个更美好的未来，她暂时放弃了自己的特长。在机械中专班里，机械制图是重中之重。虽然此前，张莉没有任何绘画基础，但是为了学好专业，她毅然拿起画笔，从头开始学习绘图。为了不落人后，她以数倍于别人的努力，夜以继日地练习。经过长时间的不懈努力，她终于将图纸绘制得有模有样。

20 世纪 90 年代，计算机还是个新鲜事物。为了学习最先进的计算机技术，张莉报名参加了学校的计算机兴趣小组，开始学习计算机知识。对张莉而言，生活就是这样，虽然有些东西并不是她所喜欢的，甚至可以说离她的文科梦很遥远，但既然自己已经做出了选择，那么就要认真对待，再苦再难也要坚持，争取做到最好。在最美好的青春年华里，她几乎把所有时间都耗在了学习上。

第一次就业：花季少女变身熟练工匠

1993 年 6 月，张莉以优异成绩毕业，被学校分配到县里著名企业——南京飞燕活塞环厂，成为一名普通工人。当时的飞燕活塞环厂是全县重点企业，效益好，工人收入高。当张莉在别人羡慕的目光中第一次走进飞燕活塞环厂时，她觉得学技术时吃过的苦、流过的汗都有了回报。

企业效益好，产品供不应求，也就意味着工人们必须加班加点赶工生产。张莉记得，自从进厂后，她天天三班倒工作，加班更是常态，不仅没有双休日，就连厂方原先承诺的每个月四天的假期，也成了空谈。那时的张莉身材苗条，个子高挑，皮肤白净，眼神清澈，笑容纯真，可以说是人见人爱。但在工厂里，她再一次将自己的美丽掩藏在厚重的工作服、工作帽和口罩之中，日复一日地在封闭的厂房中劳作。

当时，女工们一般都喜欢去包装车间，因为那里的工作轻松。哪个车间需要人，张莉就去哪个车间，模床车间、加工车间、检验车间、包装车间等她都工作过，厂里所有的脏活累活她都一一做过。有时，一天工作下来，张莉浑身脏兮兮的，脸上、头发上，甚至内衣里都是锈渍。下班回家，她累得连澡都不愿洗，只想倒头就睡。但在厂里，她没有叫过一次苦，喊过一次累。

有一次，张莉在给活塞环做倒角时，突然感到左手传来一阵钻心的疼痛，鲜血顿时流出，染红了白手套和机器。她低头一看，发现自己的手套给磨破了，食指直接碰触到又烫又锋利的金属，被豁开了一个大口子。直到现在，她食指关节处的伤疤里还嵌着许多灰色的铁屑，这成了她一生不可磨灭的印迹。

女人不是铁打的，张莉身边的很多女同事都因为难以忍受这样艰苦的工作环境，陆续离开了工厂。太苦太累的时候，张莉也气馁过，也想过离开工厂，但是每次想放弃的时候，她又会变着法子鼓励自己，第一时间将那些消极的念头赶出脑海。就这样，张莉在南京飞燕活塞环厂任劳任怨，一干就是整整 8 年，练就了一身娴熟的机加工技术，多次被评为工作先进分子。

2001 年，"铁娘子"张莉怀孕生下了儿子，难题也接踵而至：孩子小，体质差，一着凉，气管炎就发作；工厂纪律严格，不允许迟到早退，遇到突发状况也请不了假。每次孩子生病，张莉虽然心急如焚，却始终抽不出时间陪伴和照顾孩子。

为了孩子，张莉考虑再三，最终不得不向厂方提出了辞职。

第二次就业，机械高手变身童装销售

转眼一年多时间过去，张莉的儿子长大了不少，身体壮实了，体质也有所改善。孩子可以上幼儿园了，张莉又一次坐不住了。"一个女人不能光靠男人养着，总得做点自己的事业。"她对自己说。可是，这一年多她一直待在家里带孩子，以前在学校里学的技术荒废了，况且工厂也不是想回去就回得去的。正踌躇时，她的一个朋友主动找上门来，请她帮忙照看自己经营的一间婴幼儿服装店。张莉欣然应允。

朋友的服装店开在县城的北门桥附近，名叫"点点婴幼儿服装"。因为店主夫妇平时工作特别忙，所以他们干脆将这家店面交由张莉全权管理。张莉不负重托，一个人包揽了看店、做账、进货、整理货物等全部工作，每天要从早上 8 点半干到晚上 9 点多，平均日工作时间超过了 12 个小时。

这些工作中最艰难的要数进货。那时候交通不发达，每次去杭州进货，她都得坐晚间发车的大巴，迷迷糊糊地颠簸一整夜，第二天一早到达杭州。下了车，她买上一块钱的一次性牙膏牙刷，冲到车站的卫生间匆匆洗漱完毕，便径直赶往批发市场。批发市场里的货物供不应求。每次新货一到立即就遭人疯抢，稍一犹豫，款式好的货物就被别人抢走。为了保证进货质量，势单力薄的张莉只得独自推着推车，跟小商贩们挤在一起你争我抢，每次进货都像打仗一般。在婴幼儿服装店工作的一年多时间里，张莉直面一个又一个挑战，在忙碌中锻炼出了一个全新的自我。

但是，不久，因朋友另有发展，婴幼儿服装店关张了。张莉第二次失业了。

第三次就业：广告推销

咋办？这时，《溧水报》上一则《招聘启事》吸引了她的目光：溧水商界广告公司招聘广告业务员，没有年龄、学历限制，只要能吃苦耐劳就行。张莉有些心动，寻思着吃苦难不倒自己，只是推销这种活儿自己从来没有干过，也不知道能不能胜任？

多年的打拼，进一步张扬了张莉喜欢挑战自我的个性。她勇敢地去应聘了，并顺利地被广告公司录用。从此，她的人生又掀开了新的一页——担任广告业务员。她每天骑着自行车，在溧水的大街小巷穿行。街边大大小小的商家，不管是饭店、食品店、水果店，还是服装店、电器店、建材店，她都一一拜访。2004年，人们还秉承"酒香不怕巷子深"的观念，对于广告还缺乏充分的认识。那时，人们的广告意识还不是太强，广告业务开展起来很有难度。按她本人的说法，谈业务就像撒网打鱼，常常是满塘撒网累得半死，结果收网时却一无所获。

一次偶然的机会，张莉结识了一位大客户，他的生意做得很大，甚至拥有专门的设计公司，因此他对广告设计的要求也格外严苛。为了确保客户满意，张莉不得不一遍遍听取客户的要求和意见，一遍遍带着新的方案和设计稿请对方审核。当时正值夏天，她每天带着厚厚的材料，骑着"二八"大杠自行车在路上飞奔，整个人都晒脱了皮。耗时一个多月，往返奔波十多次，她终于与客户敲定了广告方案，顺利登下了这笔业务。张莉说，这是她在广告公司做得最好的一笔业务，拿到 2000 元提成的那一刻，心里简直乐开了花。

直到现在，每当张莉开车经过这位大客户的公司门前，心里依旧感慨万分，当年的倔强与拼搏、不屈与勇敢，折射出的不正是青春最美的模样吗？

第一次创业：白手起家，创出餐饮一片天

当张莉的广告业务做得顺风顺水时，路边的一家店面引起了她的注意。那家店面位于溧水区交通路，就在张莉任职的广告公司的斜对面，大门上贴着"转让"两个醒目的大字。望着空空的店面，张莉的心思又活泛起来。她自年少时，就一直梦想着自己创业，这何尝不是一个机会呢？

经过反复考虑，在丈夫的支持下，张莉决定盘下这个门面，开一家饭店，并正式向广告公司提出辞职。公司老总张玉海是

一位书法家，他起先惊讶于张莉的突然请辞，在听完解释后，张玉海不仅对张莉的决定给予了充分的支持和鼓励，还热情地为她的新饭店取名"土香轩酒楼"，并亲自设计了门头，题写了店名。

张莉将几年来积攒下的 4 万元资金全部投入酒楼运营。她吸取餐饮业同行的经验教训，特意高薪聘请了一名安徽的厨师，专做特色家常菜。

由于菜品口味地道，店员服务周到，价格也不贵，饭店一开张，就吸引了大批顾客。随着时间的推移，饭店的回头客越来越多，张莉的生意也越做越好。

张莉常说："只有诚信待客，客户才会信赖你。"一年冬天，几个客人在酒店吃到兴致高昂，突然发现店里的酒卖完了，便要求张莉立即去买酒。本着"顾客就是上帝"的理念，张莉二话没说，顶着寒风骑着摩托车火速赶往烟酒专营店。回程时，在一个转弯处，由于车速过快，她闪避不及，被过路的车辆重重地撞倒在地。张莉的摩托车被当场撞坏，身上的裤子、靴子也被磨破了，幸好人没事，但是她的第一反应却是检查刚买的酒有没有被撞。看到酒瓶安然无恙，张莉这才松了一口气，她爬起来，把酒送回到酒店。在张莉的热情服务下，几位客人得以开怀畅饮，大醉而归。后来，这几位客人听说张莉为了帮自己买酒几乎遇险，心中大为感动，自此便成了张莉饭店的"铁粉"。

为确保菜品新鲜，张莉每天天不亮就去菜场买菜，之后赶到店里打扫卫生、收拾桌椅；每天晚上客人走后，碗盘堆积如山，张莉还要撸起袖子洗碗，直到深夜。母亲见不得女儿受累，劝她道："你不愁吃不愁穿的，就别这么辛苦了。"看着饭店生意日渐火爆，张莉觉得这些辛苦都是值得的。

连续创业：经受挫折勇攀新高峰

两年后，一个朋友对张莉说，开小饭店赚钱慢，不如合作开KTV，现在年轻人最喜欢这样的娱乐方式。张莉觉得朋友言之有理，就关了饭店，与朋友共同投资20多万元，在溧水区五星家电城的3楼开了一家"圆梦KTV"。刚开业的时候生意确实不错，但是随着当地第三产业的不断发展，一家家装修豪华、设备新颖、功能完善的KTV如雨后春笋般相继开业。相比之下，"圆梦KTV"由于开店时间太长，设备老化，硬件落后，因此渐渐失去竞争优势，生意也随之越来越差了。

有人劝张莉趁机收手，在家享享福算了，但她却不想放弃。她多方搜集信息，终于从堂兄处打听到弯子口的一家饭店由于经营不景气，正准备转让。这会不会是自己人生道路上的又一个转机呢？张莉心头又燃起了希望。说干就干，风风火火的张莉立即张罗起来。

2005年，在她的精心准备下，"相府大酒店"正式宣告开张。我问张莉经营饭店有什么秘诀，她笑着说："秘诀就是永远对客人讲诚信，永远要用最好的服务、最热情的态度对待客人。"现在的相府大酒店占地近400平方米，有9个包间、1个大厅、1个现代化的厨房，可同时容纳100多人就餐。开张10多年来，酒店生意一直火爆。

2016年，张莉又在洪蓝镇开办了一处"农家乐"，砌了土灶，专做农家菜，引得宾朋一致叫好。

有人问她为什么有了效益这么好的大酒店，还想着"另起炉灶"，忙得过来吗？张莉淡淡一笑："虽然已经不年轻了，但我就是个劳碌命，这些年已经习惯了'折腾'。估计啊，我得忙到自己动不了才能歇着。"

奋斗的人生是最美的人生。这正是我心目中女人最青春的模样。

人生感悟：

一个人不经历风雨，哪能长大？没有吃苦耐劳的精神怎能立足社会？又怎能取得大的成绩？

人的一生不可能一帆风顺。"吃尽苦中苦，方为人上人"，苦难的磨砺，真的是人生的一种财富。

梅花香自苦寒来

——记江苏省溧水中等专业学校 1996届优秀毕业生朱勤波

文/张健

第一次接触朱勤波，正赶上他要去南京检查身体。我顾不上和他多聊，只是祝愿他平安无恙。一周后，他来电称，身体已经康复，可以接受采访，但同时他又反复强调，自己实在是一个很平凡的人，并没有深挖的价值。我淡淡一笑：越是谦逊低调的人，背后的故事越是精彩。

知耻后勇，"不良少年"变身"学霸"

朱勤波，出生于1978年1月，溧水区群力朱爱岗人。

1993年，朱勤波考入江苏省溧水中等专业学校（原溧水县职业中学），就读财会中专专业。当时，学校里有个别学生觉得读中专，反正考不了大学了，学习上奉行"60分万岁，多一分浪费，少一分受罪"的标准，混日子、混毕业证；生活上却讲究吃好穿好用好。刚开始，朱勤波也有这样的心理，跟着一帮不求上进的同学整日厮混，这引起了班主任曹明华老师的注意。曹老师不仅教学严谨、认真，而且善于观察和揣摩学生心理。他发现朱勤波的学习基础很好，但因为中考发挥失常所以没有考上普通高中，有些自暴自弃，破罐子破摔。

　　曹老师抽出时间，多次把朱勤波叫到自己的办公室，和他聊学习，聊兴趣爱好，聊人生和将来。一开始，朱勤波有些心不在焉，甚至颇有些不耐烦。曹老师讲着讲着，就加重了语气。他告诉朱勤波，自己是老师，也是家长，老师对于学生的期望和家长对子女的期望是一样的——学生将来有了出息，有了成就，荣耀和收益都是他个人的，老师也好，父母也好，得到的顶多就是别人的几句称赞。曹老师希望朱勤波将心比心，不要辜负老师的期望，今后要严格要求自己。曹老师语重心长地告诉朱勤波说："真正的友谊，绝不是靠一起玩、一起吃吃喝喝培养起来的。它是在为了一个伟大的目标和集体一起前进的过程中相互认可而形成的。"老师的话虽不多，但朴实、在理。这番话像一把重锤，猛烈地敲打着朱勤波年少懵懂的心。

　　一段时间以后，曹老师欣喜地发现，朱勤波变得成熟稳重起来，变得开始热爱学习了。曹老师趁热打铁，又多次找朱勤波谈心，关心他的家庭，问他今后怎么打算？慢慢的，朱勤波开始懂得，世界上任何东西都要靠自己去争取，包括别人的称赞、父母和老师脸上的笑容。这世上虽然付出不一定会成功，但是，不付出绝对不会成功。宝剑锋从磨砺出。人生是一场马拉松，比赛才刚刚开始。初中的一时失败，不代表永远失败。第一千次摔倒，第一千零一次爬起来，就是成功。不经历风雨，怎么能见彩虹？自己争气，才能有出息，才能被别人看得起。

从此，他像变了一个人，又回到了初中勤奋学习的样子，上课认真听讲，认真完成作业，学习上有不懂的地方就虚心向老师请教，直到把问题"掰碎吃透"，以达到举一反三的效果。课后，他不再呼朋引伴、肆意玩乐，而是温习功课、积极参加学校组织的各项公益活动。

高二下学期的"五一"国际劳动节放假期间，学生回家的回家、出游的出游，偌大的校园里空空荡荡的。负责值班巡查的曹老师信步走在学校的操场上，却看见远处有个人背对着他，站在那儿一动也不动。都放假了，是谁？在干吗呢？曹老师蹑手蹑脚地绕到那人正面，呵，原来是朱勤波！他捧着一本《商业会计》教材，正看得出神呢！曹老师表扬他，问他为啥放假不回家，他说，家里人都在外面打工，自己回去没事情做，不如在学校多看几页书。朱勤波说，自己一生都记得曹老师激励自己的话。

立志育人，"长大后我就成了你"

清朝蒲松龄曾写过一副非常著名的自勉联："有志者，事竟成，破釜沉舟，百二秦关终属楚。苦心人，天不负，卧薪尝胆，三千越甲可吞吴。"毛泽东说，世界上怕就怕"认真"二字，共产党就最讲"认真"。

在朱勤波认真、刻苦的努力下，他的学习成绩直线上升。曹明华老师作为他的班主任，看在眼里，喜在心里。世间自有公道，付出总有回报，1995年，朱勤波因为品学兼优，被评为"南京市三好学生"。也就在这一年，学校抽调了一批成绩优秀的学生，组建了高考单招班，朱勤波成功地入选了。

经过大半年的拼搏，1996年，朱勤波不负众望，顺利考取了常州技师学院。进入大学后，朱勤波并没有因顺利考上大学而沾沾自喜。他倍加珍惜这"失而复得"的读大学的机会，将自己的全部心思都放在了学习上。最终，朱勤波以优异的成绩从常州技师学院毕业，并成为溧水区白马中学的一名人民教师。

走上工作岗位后，朱勤波非常珍惜这份工作，并以成为一名人民教师为荣，他虚心地向同校的前辈们请教教学心得，认真地备课、写教案、改作业；以曹老师等老教师为榜样，和每个学生交朋友，细致地了解他们的学习情况、关心他们的生活。

朱勤波的一名学生同我谈起自己的恩师时，激动地说，朱老师是个非常和蔼可亲的人，同学们都喜欢上他的课。有一次，自己生病了，几天没有来上课，朱老师担心他的学习进程被耽误了，便骑着自行车赶到他的家里，为他辅导功课，让他深受感动。如今这位昔日少年也早已大学毕业，走上了工作岗位。在这位同学的心中，朱勤波老师是一位德才兼备的良师，也是一位不可多得的挚友。

关爱妻儿，做家庭事业两不误的"新好男人"

朱勤波的妻子小汤是一名小学教师，温柔贤惠，勤劳能干。由于平时课务负担重，加上家里有两个孩子，小汤不得不每天家里学校两点一线地来回奔波。朱勤波将妻子的辛劳都看在眼里，不仅全心全意地支持着妻子的工作，还主动帮助妻子分担家务。他常说，夫妻之间，要相亲相爱，更要相互体贴，相互尊重，相互帮助。每天早晨，从来不爱睡懒觉的朱勤波早早地起床，为家人做好早餐，之后便马不停蹄地开始清洗全家人换下的衣物。等到朝霞渐退、晨曦洒进庭院、妻子和两个孩子起床开始洗漱的时候，朱勤波的家务劳动已经结束。紧接着，朱勤波和家人一起分享快乐的早餐，顺带给孩子们解答学习中遇到的难题。每天晚上，从学校回家后，朱勤波还会帮助妻子做晚饭，为孩子们辅导功课，之后抽空写一写当天的工作心得和经验总结。如此日复一日，生活过得平淡而充实。

小汤常常说，自己这一辈子最大的幸福是嫁给了一个理解自己、尊重自己、体贴自己的好丈夫。每当左邻右舍夸奖朱勤波时，小汤的脸上总是洋溢着幸福的笑容，眼中是满满的开心和自豪；而朱勤波则是谦逊地笑笑。不论何时，不论何地，温馨祥和的氛围总是围绕着这一家人。

能够嫁给一个疼爱自己、关心自己的好丈夫，能够执子之手、与子偕老，这可以说是让大多数女性羡慕的事。朱勤波常说，妻子善良、温柔、勤劳，为了这个家庭付出了太多、太多，相比之下，自己做得还很不够。况且夫妻本来就是一条船上共渡风雨的人，没有理由不关心、爱护对方。"这辈子只愿与妻子长相厮守，直到地老天荒。"在表达对妻子的爱意时，朱勤波同样是这么大大方方。

朱勤波有两个孩子，大的 16 岁，小的 11 岁，都非常聪慧懂事，但孩子的天性终究是淘气贪玩的。有一回，趁着父母不在意，两个孩子便丢下功课，和同学玩耍去了。当妻子发现，准备大发雷霆的时候，朱勤波及时加以制止，而后和声细语地问两个孩子："你们认为目前的首要任务是什么？"两个孩子涨红着脸，低下头不敢说话。朱勤波语重心长地说："爸爸小时候也和你们一样，不爱学习，所以直到现在爸爸都很后悔。一寸光阴一寸金，寸金难买寸光阴，你们现在不好好学习，不珍惜每一天的时间，时间就会像流水一样不知不觉地从你们身边溜走。等你们岁数大了，发现一事无成，回首往事，你们想一想，会是什么感觉？"两个孩子越想越羞愧，不觉失声痛哭道："爸爸，我们错了！"

没有蜜罐式的纵容，也没有棍棒式的呵斥，经过一番将心比心的谈话，两个孩子自觉地改正了生活中的不良习惯，学习更加努力了，成绩也由原来班级的中下游变成了名列前茅。当被问起将来的理想的，两个孩子会异口同声地说："像爸爸妈妈一样，做个好老师。"

寸草春晖，长久的陪伴是最好的孝敬

朱勤波的父母都是地地道道的农民，节衣缩食、含辛茹苦地把朱勤波抚育成才。鸦有反哺之情，羊有跪乳之恩，面对父母，朱勤波向来听话、孝顺，从不敢忘却父母的养育之恩。每逢节假日，朱勤波总会带着妻儿回到父母家中，或帮助父母做一些力所能及的事；或带上两瓶父亲喜爱喝的白酒，在院子里的桂花树下摆开饭桌，妻子帮着母亲蒸一只鸡、炖一尾鱼、炒几个菜，一家人热热闹闹地吃上一顿饭。父子见面总要整上几杯，朱勤波咽喉不好，每每以茶代酒，陪父亲共饮。父亲喜欢和儿子聊天，一唠起家常就没完没了。朱勤波总是用心地听着，不时陪父亲聊上两句，从没表现出一丁点儿的不耐烦。

有一次，朱勤波和父亲聊天时得知母亲身体有些不舒服，但为了不影响子女们的工作，也为了让子女们吃上自己种的"放心菜"，不仅隐瞒了自己的身体状况，还依然坚持每天到菜园里干活。朱勤波心中一惊，立即劝母亲去市区人民医院检查，可母亲怕花钱，坚持不去，还笑着说，一点小毛病，没什么大不了的，你们尽管忙自己的工作去吧。想到几十年来，父母总是将子女视作生命的希望和生活的全部，而对于自己日渐老去的容颜、逐渐衰弱的身体，却毫不在意，朱勤波的心就像被针扎了一样，眼泪哗哗地流了出来。他不顾母亲的反对，把母亲拉上车，直接送到了溧水人民医院。医生们经过一番细致的检查，发现朱勤波的母亲不仅血糖偏低，而且患有严重的缺铁性贫血症，容易出现眩晕、摔倒等症状，而且一旦劳累过度，便很有可能危及生命。好在病情发现较早，尚可通过休息、药物治疗和饮食调整相结合等方法进行调养、治疗。

诊疗结束后，医生看着因焦急而满头大汗的朱勤波笑道："朱老师，你真是一个孝顺的儿子。要是每个人都能像你这样就好了。"朱勤波自感惭愧，并说："百善孝为先，孝顺是子女应尽的本分，我做得还很不够。"

无私奉献，肩负荣誉继续前行

工作十几年来，朱勤波一直兢兢业业、勤勤恳恳，平时下了班也抓紧时间学习，努力提高自身素质。朱勤波还热心于公益事业，不仅热心帮助贫困学生，在汶川大地震、玉树大地震等重大灾难发生后更是慷慨解囊。此外，他还经常参加社区志愿者活动，免费为社区居民科普文化知识、法律法规等，深受欢迎。社区居民都说，朱老师向我们传播了知识，传播了满满的正能量，让我们体会到了学习的快乐，实在是太感谢了！朱勤波则表示，人生在世，奉献也是一种快乐。

朱勤波坚持着自己的为师之道、做人之道，收获了荣誉，也收获了快乐。2014 年，朱勤波被南京市成人教育学会评为"金陵学习之星"，这是一项崇高的荣誉，是对朱勤波工作成绩的最好肯定。面对赞誉，朱勤波淡淡一笑道："我觉得受之有愧，因为我只是尽到一个教育工作者的本分。将来，我还要更加努力地践行社会主义核心价值观，努力工作、学习、生活，更好地回报社会。我感恩父母，是他们给了我生命，并教育我要做一个对国家有用的人；我也非常感谢母校江苏省溧水中等专业学校，感谢母校的所有老师，特别是曹明华老师，是他们教育、培养了我，使我有了今天这样的成绩。"

人生感悟：

多一些努力，便多一些成功的机会，无数实践经验证明，成功的最短途径是勤奋。不要光耍嘴皮子，不要好逸恶劳，勤字当头，苍天不负有心人！

志存高远 天地广阔

——记江苏省溧水中等专业学校 1998 届、1997 届优秀毕业生姬相东、章爱香夫妇

文/王璐

在溧水广告业，有一家赫赫有名的高远设计广告公司，这家已有 11 个年头的公司在溧水区的市场业务占有量大概为 30%，俨然成为溧水区广告行业的业内标杆。

姬相东、章爱香夫妇正是高远设计广告公司的创办人。这对 70 后的恩爱夫妻，均毕业于江苏省溧水中等专业学校（原溧水县职业中学）。面对取得的成就，夫妻俩相互对望，默契地说："心存远大志向，才能走出广阔天地。"

挥洒青春 点燃梦想

妻子章爱香就读于 1994 级服装班，丈夫姬相东就读于 1995 级财会班，两人相继于 1997 年和 1998 年毕业。在校期间，由于共同的兴趣爱好，他们都进入了"烙艺轩"跟吴贵生老师学习烙

画技能。正是这段共同学习的经历，奠定了他们以后的爱情、生活的基础。

在校的那段时光是刻骨铭心的，是用青春挥洒着汗水换来的。在丈夫姬相东心里，他最感激职高就读期间的书法老师——王宏。刚开始练习书法时，王宏老师在第一堂课就点名批评了姬相东，因为姬相东用毛笔来写钢笔字帖和自己的名字，王宏老师严肃地批评道："哪有用毛笔写自己名字的？"姬相东这才知道，原来软笔书法和硬笔书法是有极大差别的，分别是两种书法体系。后来的课上，王宏老师始终严厉地要求着他，并常常告诫他说："练字，也是让人修身养性。"这句话让姬相东牢记在心，在王宏老师严厉的要求下，他逐渐培养出了对写字的兴趣，甚至在学校的钢笔字比赛中拿到第一名。练字，其实也是"练心"。在王宏老师的严格指导下，时隔20多年，姬相东写字的时候，依然能够做到心无旁骛、专心致志。练字，同时养成了他精雕细琢、精益求精的做事习惯；有了练字时练就的"心静如水"，每次遇到棘手的事情，姬相东都能够处变不惊。

而妻子章爱香的心路历程则要曲折复杂得多。章爱香初中时成绩一直名列前茅，但是因为中考发挥失常，结果没有被普通高中录取，无奈之下进入了溧水中专。刚进入中专时，因为她觉得职业学校的学生都是差生，而自己因中考一时失误很不甘心，内心极度排斥就读中专。所以刚入校时，心高气傲的她对学校没有任何归属感，对同学和老师都是爱理不理。

直到军训时发生的一件事，才彻底颠覆了她的看法。由于天气炎热，再加上体质不好，一次在站姿训练时，章爱香两眼一黑，晕了过去。等她迷迷糊糊睁开眼睛时，发现周围全是殷切而焦急的目光。教官在掐人中，老师和同学有的在搀扶她起身，有的在给她扇风，有的在给她倒水、递水，还有的在给她喂药。这一刻，章爱香的心里五味杂陈，师生们真诚的关心感染了她，她觉得这不再是个冷冰冰的"差生"集中营，而是个温暖的、共同进步的大集体。

在专业学习的过程中，章爱香的成绩一直是出类拔萃的。服装专业对于设计和绘画的要求很高，不仅要在设计版上准确地把握服装的尺寸，勾勒出相应的线条，还要考虑色彩、衣襟裙摆等细节，要想注入时尚元素则更要下一番功夫。章爱香的素描水彩基础学得很扎实，因此她的绘图作品多次被展示在橱窗里，无论是注入流行和现代元素改进后的汉服，还是简约不失饱满的职业装，都让人眼前一亮。此外，她还积极参加校内活动，屡次在朗诵比赛中获奖。当毕业之际来临时，不服输的性格让她坚定了继续学习的想法。

1997 年，章爱香毕业了，她并没有像班里其他同学一样走进服装厂当一名工人，而是在家人的支持下自费去了南京艺术学院努力自学了美术专业基础课程。正是这样积极进取的态度，让章爱香形成了遇事坚忍、勇敢面对挫折和不服输的性格，为她日后的人生发展奠定基础。

相互依偎　并肩作战

1998 年，姬相东从职高会计专业毕业，先是在南京华飞集团工作了 3 年，而后跳槽去了上海一家工艺品有限公司工作 2 年，之后回到家乡溧水，在电力装饰公司工作 1 年，他把技术学精湛后，最终于 2004 年决定自主创业。

　　章爱香大学毕业后，她先后在南京市广告公司和溧水世纪广告工作了 3 年。2004 年，她迎来了人生的崭新身份——姬相东的贤内助，同时更是"高远设计"的创始人之一。

　　2004 年，溧水广告设计市场还是空白的，而当时的广告设计图市场价大约为 2000 元一整套图，并且"僧少粥多"，在姬相东、章爱香夫妇眼里有着巨大的商机，他们决定要做第一个吃螃蟹的人。他们认定广告业是朝阳产业，随着经济发展，溧水未来的广告设计市场发展趋势一定是向好。谁抢占了先机，谁就掌握了制高点和主动权。所以，在后来的创业过程中，即使遇到了天大的困难，他们都认为那只是暂时的，都没有放弃自己的创业选择，而是不懈地努力和坚持，因为他们相信当初的选择，相信时间与积累总会带来成就。

　　在冬日的暖阳里，姬相东和章爱香的爱情的见证者和结晶——"高远设计"诞生了。那是在湾子口的一间小店面，租金高达每月 5000 元，由于新婚刚过，房租还是找亲戚朋友勉强凑齐的。创业是个艰辛的过程，仅仅是选址，就几经周折，让他们两人费尽心思。2004 年初创办至今，"高远设计"共换过四个地址。每更换一次地址，他们的创业就迈向更高的台阶。

　　创业之初，店内大小事宜，他们皆亲力亲为。他们深知天上不会掉馅饼，凡事只能靠自己努力。店铺刚开张时，为了扩大影响，姬相东和章爱香两人自己印刷宣传单，上街发放，偶尔有感兴趣的人会上前询问一两句，更多的自然是被冷眼相对。冬天临近年关的时候天气很冷，上街置办年货的人非常多，两人就去寒冷的街头发传单，给每辆摩托车的把手上都夹放了宣传单页。寒风吹过，他们看到被风卷走和吹落的传单都要捡起来，重新夹在车上。当人群如潮水般退去，街道上空空荡荡的，两个人相互依偎取暖，并肩走在回家的路上。他们知道，发传单就像大海捞针，找到合适的客户非常困难，很多时候只能靠运气，但是好运气只会降临在积极进取的人身上。

随着他们地推式的广告宣传，有人抱着试试看的心态找到了他们的工作地。虽然对方出价不高，但好歹有了业务，他们决定脚踏实地从零开始，认真画好每一张设计图。姬相东和章爱香凭借自己精湛的专业水平、热情的服务态度赢得了越来越多的客户好评，很快经过口碑宣传，找上门做设计图的人越来越多，他们都觉得这对夫妻的收费不高，并且很讲信誉，出图也很准时，设计图做出来不仅美观大方还很与众不同。就这样，第一批客户总算慢慢稳定了下来。听到客户满意的评价，妻子章爱香与丈夫姬相东相视而望，内心感慨不已。他们深知这一切都是在自己全力以赴之下得来的，因此加倍珍惜每一个订单。

2005年下半年，随着业务发展，"高远设计"慢慢步入正轨，并且换址青年路，时值章爱香怀孕，挺着大肚子在租来的办公室中办公，仍然坚持创业的梦想。

常言道：这世上从不存在一帆风顺的创业，唯有坚持才能收获。姬相东、章爱香夫妇并没有因为蒸蒸日上的业绩而沾沾自喜。他们明白，在这个知识更新换代非常迅猛的时代，只有通过不断学习，才能提高专业技能水平。

砥砺前行　永不止步

经过三年奋斗，2008年"高远设计"搬到了广成东方名城喷泉广场旁，但这仍是租来的办公场所。在姬相东、章爱香夫妇心里，租来的地方始终没有归属感。

除了工作之外，夫妻俩还在不停地学习和钻研行业知识，将脑中的知识不断更新换代。专业的态度迎来了大客户的青睐。很快，大客户便一个接一个主动找上门来。溧水区内橡树城、康利华府、爱涛天逸园等小区小户型设计；无想墅、百美山庄等别墅家装；10000余平方米的华为酒店设计、汇豪酒店改造设计、五洲星大酒店设计、橱匠餐厅设计、文广大厅一楼设计、溧水114网办公室设计、焦点网咖设计……尽管客户纷至沓来，姬相东和章爱香夫妇没有丝毫怠慢。

熬夜，是他们的常态。有一次，他们接到了江宁金肯学院的订单，要做整个学院的外景鸟瞰图，由于学校建筑非常复杂，这个设计图很难做。再加上时间很紧，设计图不比手绘，有很强的时效性，如果不能按时完成订单就作废了，那次夫妻俩通宵达旦地完成设计。天亮时，他们眼睛已经通红了，但是因为作品的成功完成兴奋得毫无睡意。

诚信，是"高远设计"的招牌。姬相东夫妇也会经常遇到非常紧急的单子，而且质量要求高。尽管当时夫妻俩已经忙得分身乏术了，但是他们觉得客户无大小，答应客户今天要做完的单子，绝对不会无故推迟，做生意最讲究的是诚信。"虽然专业技术过硬是优势，但绝不能仗着这点就怠慢客户，除了技术，更要守时。牌子是靠口碑的，口碑是靠诚信的。"姬相东如实说。尽管公司已经成长为行业翘楚，姬相东却认为，"高远设计"仍存在诸多不足，仍然需要在前进的道路上，提高自我要求，不断保持进步，才能长久存活于市场。

历经多年的奋斗，终于有所回报，两人于2009年买下了广城南门侧的商品房，也就是如今"高远设计"所在地。

在长期的努力下，"高远设计"承接的订单逐渐从溧水小县城扩展到安徽巢湖、句容、泰州、江宁等地，江宁武夷绿洲、句容普罗旺斯小镇、6000余平方米的泰州景庭酒店都是一个个成功订单。"高远设计"的设计方向也从起初的家装、餐厅网吧装修设计渐渐扩展到图书馆、会议室、篮球馆、高铁等领域。业务范围的扩大，设计对象的多样化，也为"高远设计"提供了更多的发展空间。

有件事让妻子章爱香记忆犹新：有一个雨天，两个人打着伞来到了"高远设计"。原来，他们是高铁建设其中一个组的工作人员，需要制作南京南站到溧水站的高铁路段的外景效果图。因为找了好多家都不满意，所以找到了"高远设计"。由于出图效果很满意，对方还把他们推荐给了其他组，后来每个高铁建设小组都来找他们作图了。

"志存高远"这四个字，在姬相东、章爱香夫妇身上有了更深刻的诠释：站得更高，看得更远。有志向、看得远，才能做得长久。如今，姬相东、章爱香夫妇已有不少白发，脸颊上有了深深的皱纹，但是他们从没有后悔用心、用情、用爱浇灌公司，用时间见证他们不懈奋斗的人生轨迹。这就是姬相东、章爱香夫妇的成功秘诀！

人生感悟：

脚踏实地地做好每一件事，用心对待每一个机会，用专业的技能、热情的态度感染客户，用口碑为自己打开市场。无论走到哪个阶段，创业者都要志存高远，不急不躁，才能站在更高处眺望。

用专业成就梦想

——记江苏省溧水中等专业学校
1986 届优秀毕业生卢贤玉

文/陈春生

在无想山西南方向邻近洪蓝镇的一片空旷地带里，有一家远近闻名的蛋鸡养殖场，它先后荣获"南京市重点龙头企业""江苏省智能农业示范单位""江苏省巾帼现代农业科技示范基地"等称号。养殖场占地面积 50 亩，饲养建筑面积 8000 平方米，饲养蛋鸡 15.5 万只，年产鲜鸡蛋 2000 吨，年产值 1800 多万元。这就是"七一畜牧养殖场"。

这家养殖场的场主名叫卢贤玉，江苏省溧水中等专业学校（原溧水县职业中学），1986 届畜牧兽医中专专业优秀毕业生。

一个畜牧兽医中专毕业的弱女子，如何创办这样一个社会效益和经济效益双丰收的蛋鸡养殖场？其间又经历了怎样的曲折与艰辛？请跟随我们走进"七一畜牧养殖场"看一看。

偶然的选择，必然的追求

抗击"非典"先进人物、中国工程院院士钟南山有一句名言："选择医学可能是偶然，但你一旦选择了，就必须用一生的忠诚和热情去对待它。"如果把这段话中的"医学"改为"畜牧养殖业"，那就可以用来诠释卢贤玉的人生轨迹。

1983年，16岁的卢贤玉初中毕业了。16岁，花一样的年纪，这个年龄的女孩大都对未来充满了彩色的梦想，卢贤玉也不例外。而且，她中考的成绩很优秀，完全可以上她心仪的高中，然后通过努力考一个理想的大学。但是，在她中考填报志愿的时候，母亲与她商量道："贤玉，你们姐弟三个，家里的日子过得挺困难，你是老大，能不能去读中专？早点毕业出来参加工作，也好给家里挑点担子！"

卢贤玉是一个懂事、孝顺的孩子。她知道，母亲的话，表面是商量，是征求她意见，其实，那就是母亲的希望。她也想帮助家里减轻一些经济压力，于是，填报了溧水县职业中学畜牧养殖专业。她想，学畜牧养殖，如果毕业了找不到工作，那就回家搞科学养殖，肯定可以减轻家里负担，保证不会失业。

尽管三十多年过去了，但是曾经在学校学习的场景依然历历在目：学校为了给学生创造良好的学习环境，盖了鸡舍，打了鸡笼，让学生用煤油灯孵化小鸡。为了能让教学做到理论联系实际，老师还带领他们到乡村参观劁猪，有时老师还让学生亲自操作，从而让他们更加了解和掌握猪的生理结构。无论是理论课还是实践课，卢贤玉都用认真的态度对待，她在笔记本上详细地记录专业知识点，还根据所学的内容主动动手实践操作。通过实践，她很快发现了自己专业上的弱项，虽然理论知识扎实，但是在实操中总是缺乏经验，动物解剖方面的技术还不够娴熟。这时，她的专业老师悉心指导，教她用"庖丁解牛"的方法，运用整体思维先对动物的结构有全面的了解，划分出各个部位，再根据各个部位的知识点进一步系统学习。

正是在溧水中专这段刻苦而又丰富的学习经历，让她实现了专业知识和技能的积累与沉淀，也为她日后的厚积薄发打下了坚实的基础。

坎坷的道路，顽强的坚守

1986 年 7 月，卢贤玉从溧水中专毕业后，被分配在空军农场的南京肉鸡联合公司。

她热爱自己的岗位，对未来有着美好的憧憬。可是，1978 年改革开放后，个体、私营经济发展迅速，猛烈地冲击着这些集体农场。由于经济管理体制等原因，单位越来越不景气，效益越来越差，甚至连工资也不能按时发放。磕磕碰碰，到 2000 年，在外漂泊打工了 15 年的卢贤玉决定辞职回乡。

可是，回家能做什么呢？经过一段时间的调研，卢贤玉意识到，随着经济发展，居民消费水平不断提高，对吃、穿、住、行的要求也越来越高。卢贤玉决定自己创业。独具慧眼的她毅然地把目光瞄准了发展规模养殖业，因为她本身就是畜禽专业毕业，加上在南京肉鸡联合公司工作多年，对鸡肉加工等有一些了解，于是，她义无反顾地选择了养鸡。报纸和电视上农村妇女就地致富和转移致富的典型事例，在心里卢贤玉燃起了奋斗的激情。

卢贤玉东奔西跑，四处寻找合适的养殖场基地。经过几番波折，卢贤玉终于找到了现在的"七一畜牧养殖场"所在地。可是，当时的场地是一片荒芜，杂草丛生，原来的养鸡场场主因为经营不善，远走高飞另谋高就了，留下了这样一个烂摊子。卢贤玉走进养殖场的那一刻，她就暗下决心：我一定要让自己的理想之花在这片荒凉的土地上绽放。

为了实现自己的创业梦想，她把自己参加工作15年积蓄的3万元全都拿了出来，可是要搞规模化养殖，3万元只是杯水车薪。于是，她只好又向亲朋好友借了12万元，总共筹集到了15万元。15万，在当时可真是一笔巨款，是她15年工作所有积累的5倍；15万，在溧水当时可以买到两套近百平方米的商品住房。就这样，她，押上了自己的全部家当和全部希望。

2000年10月，经过近半年的修缮和改扩建，"溧水县洪蓝七一畜牧养殖场"终于重新焕发了生机。卢贤玉半年的心血，有了初步的成果。卢贤玉，把自己全部的心血都投入到养殖场。在卢贤玉的精心管理下，养殖场逐渐走上正轨，开始慢慢有了一定的经济效益。

可正当她忙得热火朝天，准备好好收获时，上天却给了她一个巨大的考验。2002年的春天，第一次全国性的禽流感爆发了，整个市场处于瘫痪状态，鸡不仅卖不掉，送都没人敢要。只进不出，哪还有钱购买饲料？最后苦撑了3个月，她还是忍痛将鸡全部处理掉。看着空荡荡、静悄悄的养殖场没有了一只鸡，卢贤玉的心也凉到冰点。当初投资的15万已经亏得血本无归了。她曾经一度想要放弃，可那么多债怎么还啊？她反复问自己：难道这点困难就让你倒下了吗？俗话说，在哪里摔倒，就在哪里爬起！如果就此停步，亲戚朋友的那12万元债务，打工的话怕是20年都还不了！

而且，这次亏损不是因为自己技术不行、管理不当，更不是养殖这个行业不行，而是大气候禽流感引起的。等这个风潮过去，鸡该吃还是要吃的。于是，她没有选择放弃，在养鸡事业上依然砥砺前行。恰好她家遇到了拆迁，她和弟弟拿到了几万块的拆迁款，又跟朋友借了20万，再次全部投进了她的养鸡事业。

可是，命运似乎就是要与卢贤玉这个弱女子开玩笑，生活对她的打击依然接踵而至。2003年，她刚刚恢复生产的养殖场又遇上了"非典"，肉鸡的市场再次遇到了"冰雪天气"。原先的市场是每斤2.8元，饲料等养殖成本价是每斤2.2元，而现在市场价却只有每斤1.1元。一斤就亏1.1元，养殖场5万只鸡，再一次把卢贤玉的拆迁款和筹集到的20多万元，又亏没了。甚至，为了让养殖场的一批刚孵化出来的7000只小鸡能多活几天，她想尽办法希望能将它们送给别人。于是，她跟安徽滁州的一家养鸡场联系，不要苗鸡钱，只要对方承担运费，可是对方还是拒绝了。市场上谈"鸡"色变，没有人要她的小鸡，她又没有钱买饲料喂养小鸡。卢贤玉只能眼睁睁地看着这7000只小鸡活活饿死，从唧唧直叫，到最后一片沉寂。

面对着接踵而至的打击，她坚信，只要人类还在，人们的餐桌上就不能没有鸡。只要"非典"过去，人们生活继续，自己的养鸡事业还可以继续。自己养鸡场的硬件条件还在，缺的就是流动资金。可是，此时的她不仅身无分文，而且举债无门了，所有能借的亲戚已经全都借过了。最后，她抱着试试看的心态找到了当时的洪蓝镇妇联，她把自己创业上的困境向妇联做了汇报。妇联主任朱秋英把她带到信用社，帮她贷款5万元作为流动资金。组织的关心和帮助，更加增强了卢贤玉战胜创业困难的勇气和信心。

卢贤玉坚信自己的选择。她想，即便这个行业在世界上消失了，我也要成为最后一个消失的。面对两次失败，卢贤玉深有感触地说："在我连续两次经历了倾家荡产后，在今后的事业中遇到再大的困难，我也能冷静下来客观地分析，坚持自己的理想。"

专业的渗透，精致的管理

卢贤玉是一个勤奋好学之人，她对于学习新知识的行动可谓永远在路上。多年来，她孜孜不倦地参加了企业管理的学习，参加了公共关系本科专业的函授学习。她还刻苦学习会计专业理论知识，拿到了会计上岗证。后来，她又潜心研究了《管理心理学》。卢贤玉知道，企业管理者的素养和思想决定着企业能走多远，能做多大。她把自己所学的理论知识渗透到鸡场的管理中，采取了一系列的大刀阔斧的改进措施。

风雨之后总会见彩虹。经历了 2002 年、2003 年两次劫难，卢贤玉的养鸡场终于逐步走上了一路前行的大道。

经过近 15 年的发展，现在她的鸡舍引进了自动控制系统，采用多层层叠蛋鸡饲养成套自动化设备，所有鸡舍全部配备了先进的自动控制系统，安装了智能环境控制器。控制器能自动检测舍内的湿度、温度和氨气等有害气体，并发出预警指令。养殖场的鸡舍全部实现智能化控制，通过设定的温度自动控制排风机，智能控制进风小窗、湿帘挡风板和湿帘水泵，喂料系统、集蛋系统、通风系统和灯光系统实现了全自动化控制，并且各个系统均相互独立，避免了相互干扰，使生长环境更适宜，养殖规模更科学合理。同时，她还引进了智能农场管理系统。管理者在办公室可通过智能农场管理系统，实时监测养殖场各鸡舍的视频动态和各项参数因子，还可通过电脑和手机实现远程控制管理，实现了规模化、集约化、自动化和智能化的远程操作。

目前，养殖场引进了 5 套国内最先进的现代化饲养设备，实现了自动化饮水、机械化喂料、机械化清粪、自动化温度控制，就连鸡蛋收集也是输送带自动化集蛋，全面实现自动化、规模化、集约化、现代化蛋鸡饲养。先进的管理系统带来的是生产效益的提升。养殖场使用智能化控制系统后，管理者可以根据鸡群的不同生长周期调节温度、湿度等环境因子，为养殖场提供精确、及时、全程的信息服务；通过实时监管建立了食品质量安全追溯制度，为食品安全提供了有力保障。同时，养殖场管理科学化、饲养精细化、资源合理化和信息及时化，提升了农业资源利用率和农产品品质，降低了劳动成本，节约用地 70%，节约劳动用工 50%，饲养量增加 20%，综合效益提高 20% 以上；采用输送带式清粪装置，使鸡粪干燥成粒状，提高了再利用率，减少了环境污染，也增加了经济效益。

如今，卢贤玉的鸡场蛋鸡养殖技术已经非常成熟，基本达到了世界发达国家水平。为了树立品牌，她给养殖场的鸡蛋注册了"无想山"商标，通过农业部的审核，认证为"无公害产品"。

深刻的参悟，感恩的心胸

经过生活和事业的洗礼，卢贤玉参悟了人生的许多道理。她认为，作为一个女人，要有家庭责任感和社会责任感，更要做一个有爱有温度的人。有时哪怕给别人一个微笑，也是一种善行。骆驼有时是被一根稻草压死的，在别人困难的时候雪中送炭，比在别人成功的时候锦上添花更有意义。

卢贤玉创业成功了，但她没有忘记乡邻，没有忘记关心她、帮助她的党委、政府，没有忘记社会的支持。她成功的创业事迹和创业理念被广泛传颂后，在全镇及其周边地区形成了轰动效应，周围的广大妇女群众纷纷找上门来，向她取经。每每遇到这种情况，她都不厌其烦地把自己的成功经验毫无保留地传授给她们。她懂得自己致富不算富，大家致富才是真正的富，她没有忘记周围群众和那些正在致富路上奔走的老百姓。她把自己所掌握的养鸡本领手把手地教给许多养殖户，教他们如何构建养殖场，如何预防疾病、如何选购鸡种、如何制定饲料配方、如何把握市场行情等方面的知识。在卢贤玉"传、帮、带"的带动下，周边群众养殖热情高涨，养鸡专业户如雨后春笋般地涌现出来。

正是在她的热心帮助和示范带动下，越来越多的妇女群众也纷纷把目光瞄准养殖业。无论是在技术还是资金上，凡是有求于她的，她都会尽最大的努力去帮助，从不计较个人得失。卢贤玉包技术、包销售，把养出来的优良苗鸡低价或免费送给乡亲们养殖。随着卢贤玉养殖业的不断辐射和延伸，现代化养殖生产吸引了周边地区很多同行的目光，经常会有一些单位和个人前来参观和学习。邻乡的那些妇女通过在她这里的学习，在完成农业的同时搞养殖发展，赚到许多额外收入。

挫折，也许是事业取得成功的必要条件，只有那些能够经得住挫折考验，并且百折不回的人，才能成就自己的梦想。面对一份份沉甸甸的荣誉，卢贤玉总是谦虚地说："把专业学专、学精、学透，必定能成就自己的梦想，实现人生自我价值。"

人生感悟：
用奋斗绘制人生蓝图，用专业成就人生梦想！

执着的追梦人

——记江苏省溧水中等专业学校
1998届优秀毕业生武小华

文/宋新鸿

　　初见武小华，就被他身上亲切和蔼的性格所吸引。他完全不像一个威严的领导，而像一个亲切的大哥，戴着厚厚的眼镜，无论和谁说话都是一副乐呵呵的模样，丝毫没有一点架子。但是，面对工作，他又非常认真严谨，一丝不苟。二十余载的岁月，让他沉淀了自己，不断地自我雕琢和磨炼，他在梦想的道路上砥砺前行。在他身上，我看到了中国最早一代IT人勇于拼搏、执着追梦的身影。

激扬青春　筑梦前行

　　西横山下的桑园蒲村，历史悠久，人才辈出。村中武氏家族可谓名门望族。他们是明朝进士、封疆大吏武尚耕的后人。武小华就出生在西横山脚下的桑园蒲村，这里田少人多，平均每人一亩地不到。在 20 世纪八九十年代，这里的苎麻种植风靡一时，成为主要副业。除了种植水稻，大部分山地都种植了苎麻。武小华家也不例外，在"打麻"的季节，放学后的武小华都要帮着家里"打麻"，做些粗重活。虽然辛苦，但他从不抱怨。休息时，当他望着绚丽的天空，小小的胸膛里升腾起对远方的向往，从心底暗暗滋生一种信念：我一定要像家族里成功的人一样，做出一番自己的事业。童年经历，造就了武小华的坚韧与勤劳的性格，也为他日后的人生发展打下了坚实的基础。

1995 年，IT 业发生了几件大事，影响着整个世界：微软公司推出 32 位桌面操作系统 Windows 95 和浏览器 Internet Explorer；Sun 公司推出 Java 语言；甲骨文公司（Oracle 公司）总裁拉里·埃里森提出网络计算机（NC）概念；亚马逊在 Internet 上卖出第一本书；网景（Netscape）上市 10 周年，市值一跃成为纳斯达克（Nasdaq）第三；一些与网络有关的公司挂牌上市……街头巷尾，大家都在议论，未来肯定是计算机的天下，IT 经济将是未来经济的主力。喜爱学习、关注世界的武小华高中毕业了，他相信未来中国也会跟美国一样掀起一股互联网热潮，他预感到了未来国内 IT 行业广阔的前景。

1995 年 9 月，他来到江苏省溧水中等专业学校（原溧水县职业中学），学习微机专业。兴趣是最好的老师。在专业学习上，武小华从不敢懈怠半分，他总是保持着年少时在家劳作时养成的习惯，早上五点钟起床，晚上九点钟睡觉。每天，当晨曦的一抹阳光照彻天际，天空焕发着斑斓的色彩，他便沿着校内的河边，捧着一本书边走边读；下午下课后，夕阳缤纷的色彩染红了校园的河流，他独自带着一丝暮色来到学校仅有的一间机房里学习操作。学习计算机知识不仅需要有理科的思维方式，还要做到使最基本的代码、参数了然于胸，经过几个月的努力，渐渐的，他把书本知识用抽象思维的方式记得滚瓜烂熟了。专业老师看他对计算机学习劲头十足，便给了他一把机房钥匙，让他兼任机房值班员，帮助看管机房电脑。武小华高兴极了，他望着闪闪发光的钥匙，像是拿到了开启梦想大门的钥匙，激动万分。此后，他一有时间就"浸泡"在机房里，如饥似渴地学习着。

1995年，Window 95才刚刚诞生，大家使用的大都还是DOS语言；那时，在DOS语言下输入中文需要UCDOS，用ucdos. bat或up. bat两个批处理文件启动；那时，常用的输入法叫"智能全拼"；那时，光驱上面有播放、下一曲、上一曲的按钮和3.5mm耳机插孔；那时，玩日文游戏需要DOSV以兼容日文内码（Shift-JIS）；那时，Windows 95是可以卸载的，卸载之后只剩下原来的MS-DOS；那时，Windows 95启动时左上角有一行字"Windows is starting…"，按［F4］可以进入MS-DOS，按［F5］进入安全模式，按［F8］进入启动菜单……那时，计算机语言就像是神奇的谜语，操作者需要编写程序语言指挥它干活。他越学越深入，越学越觉得有意思，有时候，他会为了实现一个操作指令，不停地修改和尝试程序语言，直到在教学楼的保安因锁门而不断催促时，他才恋恋不舍地离开机房。

如果晚上弄不明白，第二天早上，武小华一定会带着问题找专业老师弄个明白。因为计算机行业发展迅速，而他的问题经常是新想法新思路，计算机老师有时也解决不了，于是两个人像朋友般坐在一起互相切磋和探讨，共同学习和进步。在老师的鼓励下，武小华攻克了一个又一个"技术难题"，在实操和理论方面都取得了突飞猛进的成果，也坚定了他从事IT行业的信心。当回顾在校学习的经历时，他无不感慨地说："正是在校期间的学习经历，让我和互联网行业结下了深厚的缘分。学校，正是我梦想扬帆起航的地方。"

坚守理想　蓄势待发

人生从来都不是一帆风顺的，前进的道路上难免有磕磕碰碰。尽管武小华做好了充分的准备，可是 1998 年刚毕业找工作，他就碰了壁。因为在当时的就业环境下，运用计算机的公司并不多，连马云的阿里巴巴公司都还没有创立，要等 5 年后才有淘宝网，不论是哪个行业都还未形成使用互联网的浓厚氛围。因此，在溧水这片土地上，IT 行业就业机会几乎为零，武小华刚毕业就面临着失业。

为了能实现梦想，武小华来到南京市区，在著名的珠江路电子一条街找到一份卖电脑和修电脑的工作。这份工作对于武小华来说极其珍贵，因为工作与所学专业还有不少的关联性。起初，老板挑剔他维修速度慢，吹毛求疵地指出其中不足。武小华从不辩解，只是埋下头来踏实做事，凡事都力求做到尽善尽美。很快，老板就发现了武小华身上的"闪光点"：客户需要什么样的产品，有什么需求，他总是能立即做出反应，并快速地推荐配套产品，做出专业的讲解。即便遇到刁钻的客户，武小华也毫不动怒，总是晓之以理动之以情地给客户耐心讲解。因此，他所在的这家店回头客很多，甚至很多都带着亲戚朋友再次上门购买。

由于勤奋好学，武小华在工作中掌握了更多的计算机运用技术。凭着出色的专业水平，武小华不久就跳槽去了一家上市公司，一干就是六年，他在那里摸爬滚打，职位稳步提升。正是这六年的时光，让他再次学习成长，这一次他学习的不仅是更多先进的前沿知识，而且还有大公司的管理模式和经验。他的人力资源理论知识和实践经验都得到了极大的丰富。这时，他心里暗藏的梦想悄悄浮出水面，那就是创业！其实，自打工作之后，武小华一直省吃俭用，就是为了积累充裕的资金，为以后自己创业打下基础。他像个隐忍的猎人，在商场中默默等待时机。

2014年9月，李克强总理在夏季达沃斯论坛上提出，要在960万平方公里的土地上掀起"大众创业""草根创业"的新浪潮，形成"万众创新""人人创新"的新态势。创业的春风一下子吹遍了大江南北。在商界摸爬滚打的武小华立刻感觉到创业的好时机到了——国家政策对小微企业给予很多优惠政策和扶持，创业的机会与环境比以往都要好。身边家人看出了他的心思，劝阻他说："你现在在大公司干得多好啊！一年几十万的年薪，工资高待遇好，生活稳定。自己创业哪有那么容易啊，创业的人那么多，你看真正成功的人有几个？我们不求大富大贵，只希望一家子安安定定。"但是，武小华决定了的事，一般人是很难改变的。他坚定地说："那是我少年时就有的一个梦想，再难也要去试一试。"他想，世上原本没有路，路是勇于探索的人们走出来的。2014年下半年，他果断地辞去了在别人眼中十分优越的上市公司的工作，毅然决然地开启了创业之路。

2015年1月8日，是武小华创立的南京和贤电子科技有限公司登记、挂牌、开张的日子。公司注册资金550万元，主要业务有：电子技术研发；计算机软硬件研发、技术咨询、技术服务、技术转让；计算机信息系统集成服务；废旧物资回收；建筑智能化工程、环境工程、电力工程、电子工程、机电工程、安防工程设计、施工；计算机软硬件及辅助设备、网络设备、办公设备、电脑耗材、机械设备、通信设备、汽车配件、建筑智能化设备、安防设备、电子产品、机电设备、电力设备的销售。

为了创建公司，从选择项目、技术研发、拓展市场、管理新人团队、解决资金缺口……事无巨细，他全都亲自操作。武小华尝尽了创业的艰辛，也磨炼了自己的意志。为了让公司尽早实现盈利，武小华自己拉业务，跑销路，次次带头冲在最前面。

为了能让公司充满活力和动力，武小华在招聘中选择和自己一样有着对专业的喜爱和勤奋的人一起创业。他知道，人无完人，一个人的力量是有限的。只有发挥大家的智慧与力量，才能使企业走出困境，企业才会从一个辉煌走向另一个辉煌。

通过多年打拼积聚的人脉和不懈努力，开业不久，公司就和许多政府部门、军工企业、医疗卫生、大中专院校等建立了长期的合作伙伴关系；和 IBM、联想、惠普、戴尔、锐捷、宏碁等国际国内的顶尖硬件厂商建立了长期合作伙伴关系；并且成为联想、锐捷、宏碁等品牌的央采、省采、市采协议供货单位。

短短两年时间里，他就走出了一条成就自己，也成就别人的光明之路。

创新进取 再攀高峰

其实，早在创业之初，武小华就有心开辟国外市场，但苦于精力有限，加上公司正处于上升阶段，杂务冗多，一直无法实现。

2016 年，公司运营逐渐步入正轨，客户关系日趋稳定，他再一次将目光瞄准了国际市场。武小华明白，国外市场巨大但竞争对手众多，如果没有明确的市场定位，没有找准自己的业务，贸然投入大笔资金，必然会一败涂地。于是，他首先确定了与海外对接的具体项目在定位方面要突出个性化、定制化的特点。在他的努力下，公司终于与国外企业对接成功。也正是这一次的成功尝试，他将公司的产品销售至国外市场，并带来了源源不断的订单，公司规模一下子扩大很多。

这对于一个刚刚起步的新型企业来说，是一剂强有力的强心剂。武小华不张扬、不骄傲，知道自己只是比别人先一步成功，这并不意味着就高人一等。相反，他非常谦虚地寻找优秀的专业人才，放低身段，遇事多听专业人士的意见，也倾听员工的想法。他经常通过"头脑风暴"会议来调动员工的积极性，达到集思广益的效果。在他的精心培养下，员工既是"专家"又是"通才"，即便不是本职工作的问题，处理起来也是游刃有余。在工作之余，武小华一直坚持学习新知识，不断参加培训活动为自己充电，去释放更大的能量。他还通过出国考察，全盘了解国外市场行情，回来之后及时传达给员工，让团队时刻保持着与国际接轨的状态。

2017年上半年，武小华抱着回报家乡的理念，回到了生他养他的溧水，他决心要为家乡的建设出谋划策，为家园建设尽一份绵薄之力。他在溧水开发区又成立了一个名叫"智慧城市"的公司，为了新公司的发展，他又继续四处奔波。公司的布局、人员的安排、新人培训等事务仍需要他亲力亲为。只要是公司的事，武小华都不敢有丝毫的马虎。

看着有无限发展可能的公司，武小华内心充满了感慨。他知道，眼前只是成功的开端，后面还需要自己不懈的努力和坚持。他时刻牢记着"创新"二字，没有创新，企业就没有生存的能力。他始终认为，机会是留给有准备的人。这个准备或许是进入学校学习几年专业知识，或许是花费数年时间提升工作经验。这个机会可能转瞬即逝，也可能一直就在触手可及的地方，也可能需要你去创造。但是无论如何，只要坚定心里的梦想与信念，不断挑战自我，最终一定能够实现梦想！

人生感悟：

对有志创业者而言，不断提高自己的经营能力是至关重要的。从学做业务开始，边学习边实践，是一个好办法，能力有了，创业机会自然很多。

桃奇满程春似锦

—— 记江苏省溧水中等专业学校
1999 届优秀毕业生朱有桃

文/潘惠明

人的一生，没有等出来的辉煌，只有走出来的精彩。

朱有桃，一个溧水县晶桥镇水晶村走出来的农村孩子，进入江苏省溧水中等专业学校（原溧水县职业中学）学习，凭着刻苦的精神，顽强的毅力，考入了东南大学读硕士研究生，后成为上海铁路局科学研究所的高级工程师。回首往事，他感觉自己的人生成长轨迹，像是一个奇特的螺旋形阶梯，不断攀升向上，奋勇前行；又像是一只晶莹剔透的贝壳，用时间来自我雕琢，绽放出绚烂的色彩⋯⋯

小桃春暖花自开

1982 年 9 月，朱有桃出生在溧水县晶桥镇水晶大队的一个小乡村。贫寒的家境，让他很早就明白读书是自己唯一的出路。

1996 年的中考在即，在填报择校志愿时，考虑到中专班可以转户口，跳"农门"，实现"早毕业，早拿钱"的心愿，父亲毅然地帮他填报了江苏省溧水中等专业学校（原溧水县职业中学）的中专班。父亲哽咽地说："孩子，家里供不起你读书，你早点出来帮家里减轻负担吧！"朱有桃喉头猛地缩了缩，他的心里十分沮丧。当中考分数出来后，让所有人大吃一惊的是，他的分数远远地超过了公办高中的录取分数线。朱有桃苦笑了一下，觉得埋在心底的大学梦就此破碎了。

当朱有桃的心中还在萦绕着莫名的惆怅时，他又面临着新的难题：上溧水职业中学要缴纳一笔学费，为了筹集他的学费，父母卖光了家里所有的粮食和饲养的家畜，又向亲朋借了不少钱。面对清贫困苦的家，以及面黄肌瘦的父母，朱有桃不禁黯然神伤。他带着七拼八凑来的学费去学校报名，心里沉甸甸的，很不是滋味。他暗下决心：要勤奋苦读，回报父母恩情，实现人生理想！

一进机械中专班，朱有桃顿感压力，他自以为中考成绩优异，可进班后，却发现他的中考成绩排在全班倒数第二名。他一下子从茫然中清醒了过来。

朱有桃开始暗中铆足了劲，在学习上用功追赶同学。当老师讲课时，他认认真真地边听边做笔记；下课了，别的同学早就奔出去打球玩耍了，他却在座位上捧着笔记细细消化；饭后，他总是一头扎进教室，静下心来复习和巩固知识。朱有桃非常喜欢研究机械方面的理论知识，他时常在脑海中"画"机械模型，那些别人看来枯燥无味的算法、理论、操作技巧，朱有桃却能在"枯燥"和"无聊"中找到乐趣。他认为，冰冷的机器从来不是死板的、固化的，通过精妙的组合和布局，它们可以引领着人类文明更加进步。他动情地说道，机械工程这门学科就像艺术一样，蕴含着奇妙的变化和反映，深入学习进去会感受到其中的无穷奥妙。

朱有桃的勤奋被班主任肖丽萍老师看在了眼里。肖老师是苏州大学的硕士毕业生，调进职中后已当过好几届班主任，担任数学课教学工作。她对那些出身农村、家境贫寒的学生尤为关注，她明白这些农村学生读书的艰辛与不易。当她看到朱有桃如饥似渴的求知眼神与废寝忘食的学习劲头，便主动关心他，竭尽全力为他答疑解惑。课余时，只要是朱有桃拿着书本来请教，她马上放下手中正忙的活，不厌其烦地辅导他。功夫不负有心人，进入职中后的第一次考试，朱有桃的总分一下子从全班倒数第二名跃升到正数第二名。进步如此神速，不禁让全体师生啧啧称赞。在取得飞速进步后，他仍然不忘继续发愤图强，刻苦努力，用汗水谱写青春动人的篇章。

随着时间的推移，中专班的三年学习期即将结束。1999 年，由于国家政策的调整，职业中学的毕业生通过高考也能被大学录取。这一年是朱有桃读中专的最后一年，学校开始挑品学兼优的学生组建对口单招班，朱有桃因为出色的学习成绩被选中。对口单招复习班重新燃起了朱有桃心底的大学梦，担任这期单招班班主任的是退休后返聘回来的王宏老师。朱有桃在单招班摸底考试中取得的高分，让王宏老师对他充满信心，他认准了这棵好苗子一定会考上大学。

可朱有桃的父亲此时却不答应了，埋怨道："有桃呀，你的同学们都已毕业拿工资养家了。你再念书念下去就没有机会分配了。你看我们家，经济条件这么差，上次学费钱还没有还清。实在拿不出钱供你上学喽。"朱有桃带着郁闷的心情回到了学校，开始打起了退堂鼓，向老师提出出去找工作挣钱养家的想法。王宏老师了解到了他真实想法后，主动找到朱有桃的父亲谈话。当了解到朱有桃家里经济困难的苦衷后，他拍着胸脯说："老朱，你放心，你儿子的学费，我来交！"从此，王宏老师的信任与关爱成了朱有桃的学习动力。

2000年7月，经过半年的复习苦读，江苏省溧水中等专业学校（原溧水县职业中学）单招班有5名学生考取了常州技术师范学院，朱有桃光荣地成为其中一员。

屡败屡战谱写奋斗华章

"只有通过不断学习，充实自我，才能实现人生理想。"朱有桃这样告诫自己。在大学里，朱有桃始终脚踏实地地努力学习，勤奋刻苦的品质让他的成绩在班上总是数一数二，年年获得奖学金。

2004年，朱有桃以优异的成绩从常州技术师范学院的"机械设计制造及其自动化"专业毕业。也就在这一年，他向考研的梦想发动了第一次冲击，无奈以落榜告终。于是，朱有桃回到了溧水。因为是国家统配生，县教育局计划将他分到乡镇中学教书。而不甘考研失败的朱有桃自动放弃了到乡镇教书的机会，来到了溧水县城寻找机会。

这次，朱有桃又一次找到了职中退休的王宏老师。朱有桃向老师诉说了自己想考研的梦想。王老师从现实的角度出发，诚恳地说："你大学毕业了，再不能伸手向家里要钱了。我可以介绍你一份工作，你可以边工作边考研！"王宏老师让朱有桃写了一份自愿到民办学校工作并继续准备考研的"保证书"。从此，朱有桃便在钟声电脑学校从事物理教学和班主任工作。

一年后，朱有桃因为教学工作成绩突出，被溧水教育局评为"2005年县优秀教育工作者"。同年，朱有桃因为气胸开刀，治疗了将近半年，耽误了复习，他的考研梦又一次破灭了。

2006年7月，经同学介绍，朱有桃来到了南京技工学校，边工作边复习考研。一年下来，仍没考上。当他发现自己不能将工作与考研完美兼顾时，便决定背水一战：辞职考研。2007年，朱有桃毅然决定辞去了工作。在南京大学旁租了一间小房子，全身心地复习备考。在南大，他结识了不少同学和朋友，也为多渠道地借阅书籍、查找资料带来了便利。每天早上六点，朱有桃带些烧饼、包子来到南京大学自修室看书学习，这些烧饼、包子分成了早中晚三餐，他钻进书本的海洋中常常废寝忘食。他如饥似渴地啃读一本本"硬骨头"，在他不擅长的课程上，他谦虚地向其他同学请教，并不断加强练习和巩固，弥补自己的学科短板。直到晚上12点，外面已是夜深人静，黑魆魆的窗户里，人们早已入眠。朱有桃拖着疲惫的身子，缓缓回到宿舍。他刚躺下，头一挨枕头就睡着了。第二天早上又是五点起床，用更加积极与乐观的心态面对新一天的学习与挑战。而这样的生活，他整整坚持了6个月。

俗话说得好，天道酬勤。2008年1月，朱有桃考研顺利地通过了初试。又经过两个月的强化复习，他又进行了复试和导师面试。7月，他终于如愿考取了东南大学机械电子工程专业的硕士研究生。

多年师生如父子

朱有桃的一生，最感谢的人当是溧水职中的王宏老师了。王宏老师不仅给予他学习上的帮助，更像一座黑夜里茫茫大海上的灯塔，指引着朱有桃的人生航向。当年，王宏将朱有桃领进了单招班，打消了朱有桃父亲的疑虑，增添了朱有桃应考的信心。在朱有桃毕业留言本上，王宏老师亲笔留言：桃子好吃，树难栽；登上高峰更有滋味。他把朱有桃名字中的"桃"字嵌进留言，作为人生寄语，鼓励朱有桃勇攀高峰。

朱有桃刚考入大学的一天清晨，王宏被一阵紧急的敲门声惊醒。门外是急匆匆从晶桥乡下赶来的朱有桃的父亲。他说，朱有桃的学校打电话到村上，说朱有桃不见了，晚上与同学闹了矛盾，不知跑哪儿去了。老实巴交的朱有桃父亲也不知如何是好，只得来请王宏老师拿主意。王宏安慰了朱有桃的父亲后，自己掏钱乘大巴车去常州技师学院，最终在教室里找到了正在看书的朱有桃。原来，昨天晚上因为宿舍卫生问题，朱有桃与舍友争吵了几句，后来赌气没回宿舍睡觉，而是去了另外的宿舍楼与老乡同住了一晚。宿舍管理员听说有个新生没回来睡觉，便四处寻找，接到管理员汇报的校方也致电朱有桃老家询问有无回家。虽然是虚惊一场，但王宏没有姑息，他狠狠地批评了朱有桃一顿。想到自己因为赌气，一个轻率的行为却惊动了校方与家里，朱有桃悔意十足。望着风尘仆仆从溧水赶来的王宏老师，望着他既严厉又关切的神色，朱有桃深深地感悟到：自己虽然走出了职业中学，但王宏老师那份厚重的关爱从未离开。

在东南大学读研期间，王宏老师仍然一如既往地关心着朱有桃，经常去学校看望他，问问他在校的学习、生活情况，并时时地给以鼓励。节假日回溧水时，朱有桃总不会忘记去找王宏老师，问问老师身体状况，讲讲自己的近况，偶尔还会陪王宏老师小酌一杯。遇到人生重要的抉择时，也常常找王宏老师"拿主意"，王宏老师逐渐从决策者变成面带微笑的倾听者。

朱有桃从对口单招认识王宏老师到现在有18年了。18年来，他们从师生关系发展成一种亲情。散文作家汪曾祺曾写过一篇著名散文《多年父子成兄弟》，而在朱有桃看来，他与王宏老师的关系是：多年师生如父子。

更看春桃几度开

在东南大学读研期间，朱有桃通过奖学金、国家补贴、勤工俭学挣得自己的生活费。2011年毕业时，因为品学兼优，他被上海铁路局作为科研人才引进，又顺利成为科研所的一名工程师，从事铁道科学技术的应用研究与技术产品的开发，以及相关技术的开发、转让、咨询与服务工作。

作为研究所的骨干，朱有桃参与了一项国家863课题的研发工作，其成果成功地应用在代表我国最高水平的CRH380高速动检列车上，保证了京沪、哈大等高铁线路的顺利开行。通过不断探索与研究，他还参与了一项国家科技部"十二五"科技支撑计划项目，将铁路先进技术拓展到城市轨道交通领域，首次在国内运营地铁列车上实现了接触网在线检测、监测功能。该项目曾获上海市科技进步奖1项、中国铁道科技奖2项，上海铁路局科技进步奖6项、发明专利2件、实用新型专利2件、上海市优秀发明选拔赛金奖。

如今，朱有桃根据上海市奖励科研人才的相关政策，已落户上海，但他依然经常性地回到故乡溧水。他说，他忘不了故乡的农忙欢歌、田园景色和乡村生活，还有那恩重如山的王宏老师。那田园牧歌式的恬淡自然的生活方式，是他余生渴望的梦境……

人生感悟：

学习是人类永恒的动力，非学无以广才，书读多了，人的境界提高了，视野也拓宽了，才可以改变命运！

漫漫技术路　任重而道远

——记江苏省溧水中等专业学校
2009 届优秀毕业生张斌

文/俞祚兴

　　在南京新尼亚文汽车零部件有限公司，到了深夜早已阒无一人，偌大的车间只有一个机位的灯还亮着。厂里的保安知道，肯定是"技术狂"张斌独自在加班试样。

　　自从接受新客户加工"次级飞轮"的新产品任务后，张斌每天从早上七点一直忙碌至深夜，把全部精力都用在进行试样上，几乎没有离开过车间。他时而对照要求，核对设计图纸，看看有没有差错；时而选择合适的机床，对产品进行试加工生产；时而又要选择合适的刀片，进行精密加工试样……图纸更正了几十次，样品做了几十个，历时 18 个月，但是，张斌自己还是不满意。对方企业都已经提出，真做不出就算了，原来就打算买国外的。

　　可是张斌没有丝毫放弃的念头。问题到底出在哪里？是加工工艺，还是设计问题？这天晚上，他对"次级飞轮"设计的每一道工序又进行了反复细心琢磨，从设备、工装这两个节点深入研究，终于在一个细微之处产生了突破性进展。他立刻又进行了七八次试样，终于将产品成功运行。"成功了！终于试样成功了！"他欣喜若狂地叫道，只有一盏长灯无言地倾听着，这时他才意识到已经是凌晨一点了。90后张斌负责攻关的"次级飞轮"生产，达到了国际领先水平，在南京新尼亚文汽车零部件有限公司内引起了巨大轰动。

"世上无难事，只怕有心人！"这是张斌的座右铭，是他成长轨迹的最好见证。这股坚韧不拔的毅力和信念，让张斌这样一个痴迷于工作的"技术狂"在技术之路上越走越远。

不积跬步，无以至千里

初见张斌，他温文尔雅、待客有礼，谈吐之中气度不凡。他热爱健身，坚持运动，身材健硕，浑身上下都散发着一股力量，一点也不看出"技术狂"的影子。

作为公司技术质量部的主管，张斌并不是资深的工程师出身，也不是国外归来的"海归"派专业人士，更不是名牌大学毕业的专业研究人才，他是一名江苏省溧水中等专业学校毕业生。他对于"技术狂"的称号并不十分认同，他微微领首，含蓄地说："大家不都一样嘛！我只是做好本职工作而已。"

将时间倒回到 27 年前。

1991 年，张斌出生于溧水区石湫镇社东村，和许多农村孩子一样，他没有特殊的生活环境与背景，很早就明白了"穷人的孩子早当家"的道理。如果说与其他孩子相比，有什么不同，那就是他比其他孩子生活条件更艰苦，从小就更懂事。当他还在上幼儿园的时候，父亲就在一次建筑事故中不幸离世，母亲一个人含辛茹苦将他带大。他从小就学会了独立生活，学习上也非常自觉，没有辜负母亲对他的期望。小学时，家里养了一大群鹅，张斌经常是一边放鹅，一边趴在河边做作业或看书。波光粼粼的河面，映照着他那颗对未来懵懂的心。鹅儿在田野里吃草，他就坐在田埂上"啃"书本，尽情遨游在知识的海洋里，畅想着未来的无限可能。

2006年9月，张斌初中毕业了。为了早日参加工作减轻家庭负担，他主动到溧水中等专业学校就读数控专业。在校学习期间，张斌就是一个"独行侠"，课后，同学们有的外出逛街，有的打游戏，只有他独自一人在教室和图书馆之间奔波，踽踽独行。为了掌握最新的机械加工理论知识，他经常一个人在图书馆找资料看图纸。每一次上课他都是第一个到教室，最后一个离开。张斌勤奋努力，刻苦钻研，比其他同学付出了更多的努力。

老师曾说过："书本上的专业知识还不是最新、最实用的，要不断了解课外知识，才能拓展眼界，提升自我。"为此，周末和放假期间，如果家里没事，他就到附近的企业观摩学习。

为了实现自己的大学梦，他在就读中专期间就参加了溧水电大成人教育部机电一体化专业学习。回到家中，他依然没有忘记努力学习中专的科目与进修大专的课程。一本书，一支笔，就是他的课余生活。

2010年6月，20岁的张斌就取得了大专毕业文凭。

汗水浇灌，静待花开

2009年7月，张斌中专毕业了，因为他学习刻苦，勤奋懂事，成绩又优异，在学校推荐下，张斌进入了南京法雷奥集团当上了一名机床操作工。

南京法雷奥集团（汽车传动部件供销商）是百年老企业，世界500强。能在这样的知名企业工作，他深知这是一个学习技术的极好机会。刚开始，可能是由于他在校期间理论课程和进修大专学历占用了较多时间，因此他在普车实操技能方面有些不足。加工零件的速度和精度，与老师傅相比还存在一定的差距。

下班后，张斌依然如饥似渴地向师傅请教，在加工每一个零部件的时候做到细心琢磨，将自己学到的理论知识全部应用到实践之中，他要用自己的勤奋和汗水补上这一课！在操作的每一个环节，他都力求精益求精，并坚持认真做好操作记录，适时写下自己的感悟与心得体会。

同时，他为了加深印象，用工笔画加配图的方式，在本子上画出一幅幅图文并茂的操作分解图。过了一周、一个月、两个月再回头翻看心得体会和操作分解图时，张斌忽然发现那些机器部件已经深深地刻在了他的脑海里，每一个操作动作就像是电影的一帧帧画面，连贯起来正是一套标准的流程。同事们都过来取经，向他借阅这些画稿和心得体会，他也毫不吝啬，主动分享自己的经验。

在短短半年时间里，他的操作技术进步速度惊人，处理问题时总能够举一反三，反应迅速。即便遇到不是自己本职工作的事情，他也会站在公司的角度，全身心地付出，提高了自己的综合能力，这也为他后来的技术之路奠定了坚实的基础。

2010年，过完春节，因为多种原因，张斌没有回到南京法雷奥集团，而是跳槽到了南京新尼亚文汽车零部件有限公司，从事数控车床操作工作。

　　在南京新尼亚文汽车零部件有限公司，他没有停下学习的脚步，遇到不会的问题主动向有经验的老师傅虚心请教。有一次，由于机器出现突发性故障，整个产品线都不得不停下来，大家都在查找原因。经过观察和思考，张斌认为问题主要原因应该是机器长时间工作温度过高，安全阀受到干扰自动报警导致。生产线事关整个车间生产，事关公司效益，怎么能停呢！于是，他建议企业：在机器上方增加空调通风口，降低机器温度；在下班后机器停止运行时，加强维护和保养工作，降低机器的损耗。企业采纳了他的建议，结果整个生产线再也没有出现因故障而停机的现象。刚刚入职的张斌，就以他的专业在企业树立了良好形象。

　　除了勤于思考和擅于解决问题，张斌在专业操作上也练就了一身过硬的本领。他在采用机床操作加工"气阀部件"的较长一段时间里，技术精度不断提升，加工的产品从来没有不合格的。他的敬业精神让人称道，谦虚好学的态度更受人赞扬，师傅与同事打心眼里喜欢他。师傅经常夸奖他："真是一个好后生！善于学习、积极钻研的好习惯更可贵，要好好坚持哦！"正所谓"一分耕耘，一分收获"，三年的机床操作工实践，使张斌的耐心和意志得到磨炼，他的加工技术越发精湛。

　　2013 年 5 月，由于出色的工作成绩，他得到公司领导的提拔，走上了公司的中层管理岗位，成为公司技术质量部的主管。这对张斌来说又是一个陌生的、全新的挑战。之前的操作工只是负责单一的过程操作，而技术质量部主管所肩负的是新产品的设计与开发。不同的客户，不同的产品要求，从一个具体操作者到一个设计研发创新者，责任和要求有着本质的区别。

用心服务，用情待人

担任技术质量部的主管后，张斌没有辜负领导与同事的期望，他依旧不断学习提高，坚持创新钻研，快速适应新岗位，一步一步坚实地向前走着。每一次的新产品试样就是最好的例证。

技术质量部不仅要做好新产品的开发试样，还要做好售后服务工作。售后服务可又是一项艰巨的工作。新尼亚文汽车零配件有限公司在南京地区的客户有三家。这些客户一旦来电涉及零部件的质量问题，技术质量部就得立即组织人员上门服务，现场解决问题。

由于公司人手有限，主管张斌亲自上门为客户排忧解难，已经成为家常便饭。有这样一件事让他印象深刻：客户对公司生产的零部件进行检测时发现了问题，并第一时间电话告之了公司。张斌随即赶到对方公司，用最可靠的检测方法对零部件进行了严格测试，结果是：产品合格。而用户的检测结果与张斌的检测结果不一致，怎么办？张斌立即查找原因，分析对照，结果发现问题的症结是因为厂家检测与客户检测的设备、方式、精密度不一致。同时，他还发现客户使用的检测方式不是经权威认证的检测方法。张斌立即为客户指出了问题的根源所在，并对客户进行相关知识的培训与指导，还为客户提供最有效的检测方式。最终，双方通过协商达成共识，圆满解决了问题。

当然，张斌也会经常遇到一些刁钻的客户，会因为机器出现故障迁怒于他。他非常中肯地告诉客户，自己不仅能够理解客户的心情，而且还会尽全力帮助客户解决问题。如此一来，客户也将心比心地表示理解。每次张斌去老客户那儿，客户都会尊称他为"张哥"，还经常邀请他一起吃饭。五年来，张斌身体力行地对客户做到了有求必应，体现了"客户至上"的服务精神。

如今，南京新尼亚文汽车零部件有限公司已成为江苏溧水中等专业学校学生的顶岗实习基地。每当母校的学弟学妹们来到公司实习，张斌都要热情地为学弟学妹们做好前期的辅导，并主动传授自己的心得体会。在技术这条路上，虽然张斌取得了一定的成就，可是他并没有骄傲。他始终坚信"梅花香自苦寒来"。成功来自刻苦努力，只有坚持刻苦，才能在人生的道路上一步一个脚印走向成功。

如今的张斌，有一个幸福的家庭，知心爱人在同一家公司的综合管理部门工作。小宝宝四个多月，非常可爱。母亲已光荣退休，他时常甜蜜地说，有了家人的全心付出和支持，他才没有后顾之忧，才能在深夜的工作车间里不断试样创新，推出一个又一个新产品。相信，深夜那盏耀眼的灯火会时刻闪亮着！

人生感悟：

只有多学习，才能开阔自己的视野，增长自己的才能，使自己有更多的勇气面对生活，努力地开拓自己的事业，使身边的人过得更好，使自己的内心充满自信。

一枝一叶总关情

——记江苏省溧水中等专业学校
1984 届优秀毕业生周荣保

文/俞祚兴

2016 年的 6 月的溧水，雨水有点多，天空仿佛漏了一般。老天动不动就是电闪雷鸣，狂风呼啸，大雨滂沱。从 6 月 29 日开始，石臼湖水位就已达到紧急水位线 11 米。可是，老天似乎还没有下够，它好像非要把整个溧水都泡在水里。7 月 6 日，石臼湖水位涨到 13.01 米，超紧急水位线 2.01 米，创历史最高水位纪录。

肆虐的洪水像端着刺刀的敌人向着和凤镇群英圩、东风圩、高家圩的圩埂紧逼而来。在圩埂上的众多抗洪群众、干部中，有一个熟悉的身影忙上忙下，跑前跑后，始终不曾离开。他就是和凤镇吴村桥村党总支书记周荣保。防汛救灾以来，他已经连续在堤坝上奋战一周，没日没夜，风雨无阻。在巡视高家圩时，由于洪水高涨，圩埂到处渗漏，他身边突然出现一个三米见方的大塌陷，湍急的洪水差一点吞没了他。但是，他并没有被吓倒，而是毫不畏惧继续镇定地指挥着人们在水中打桩，用蛇皮袋装土填方，加高加固，堵住了缺口。

防汛胜利结束后，周荣保被评为"县防汛先进个人"，站在和凤镇政府抗洪防汛表彰大会的领奖台上，他没有激动，只是淡淡地说："先进不先进是次要的！灾难面前，我作为共产党员有责任走在前面。为了保护百姓的利益，我必须要有担当。只要我尽了全力，没有辜负领导和百姓的期望，没有愧对老百姓，那就是我最大的荣誉和满足。"

建筑行业的大能手

周荣保出身于和凤镇周王村的一个普普通通农民家庭，和许多农村的孩子一样，他对农村有着深厚的感情。在村里读完小学、初中后，周荣保没有选择读高中，而是选择了江苏省溧水中等专业学校（原溧水县城郊中学）建筑班读中专。

1984 年 7 月，通过两年（当时专业实行 2 年制）的刻苦学习，周荣保有了较为扎实的建筑专业理论和实践能力。在他光荣毕业后的 9 月，他揣着对人生的美好向往，抱着"安得广厦千万间，大庇天下寒士俱欢颜"的理想，来到孔镇建筑站担任技术员。在工作中，周荣保勤奋踏实、认真细致、善于钻研。在实际施工过程中，他会经常对施工图纸进行反复推敲、研究，善于发现细节问题，务必使每次施工做到万无一失。和周荣保在一起工作的工人师傅们，说起周荣保都是跷起大拇指夸奖，"这个技术员小周不怕苦、不怕脏、不怕累，而且做事机灵、有水平"。没过多久，由于周荣保工作表现突出，建筑站让他带领一支建筑队伍走出家门，到常州承接电影院、大型食堂、企业产房等建筑任务。

1989 年，孔镇乡建筑站在经营上出现了一些状况，周荣保不得不离开了乡建筑站。他利用业余时间学习了摩托车修理技术，在孔镇街头自办了摩托车修理部。没过多久，孔镇大队的领导找到周荣保，商量重新创办建筑公司的事情。他分析了当时的建筑市场行情后，觉得现在创办建筑公司正合适。

1990 年 10 月，在孔镇大队领导和周荣保的共同努力下，第二建筑安装工程公司终于成立了。在新公司里，周荣保不仅担任技术员、项目经理，还承担了该公司所有工程的技术指导、施工质量检查、安全生产和工程预决算等事务。不忘初心的周荣保又一次在建筑园地里辛勤耕耘，挥洒汗水，发挥着自己的聪明才智，向自己的梦想进发。

周荣保一直非常关注建筑施工的质量。建造店西加油站时的一段往事让周荣保记忆犹新。当时，孔镇机电站站长为了抢工期，急匆匆地找到了周荣保，希望公司接受建造孔镇店西加油站的施工任务。虽然工期紧张，但周荣保考虑之后还是答应了。很快，紧张的施工开始了，土方工程、基础浇筑、柱梁架构……一切在顺利进行之中。可施工至浇筑基础联系梁与承重柱的时候，周荣保对照图纸几经琢磨，发现图纸中基础联系梁与承重柱截面面积不够，如果参照图纸施工会给油库带来巨大的安全隐患。周荣保果断下令立即停工，会同设计方、施工方，对设计图纸逐一进行计算核实。经各方检查，确实是图纸设计出现了问题。最后，设计方重新修改了设计图纸。虽然工期耽搁了两个月，但是消除了工程隐患，挽回了重大经济损失。

在 20 世纪 90 年代孔镇如火如荼的开发建设中，周荣保参与了多项建筑工程。例如，孔镇中心小学的教学大楼、孔镇中心幼儿园、孔镇新街门面房建造等。他的工程施工质量得到了群众的一致认可，周荣保成了全乡人人皆知的建筑名人。

1993 年 4 月，原孔镇乡党委政府正式调周荣保出任孔镇乡建筑安装工程公司副经理（主持工作）；两个月后，乡党委又任命周荣保为经理。2000 年 8 月，由于企业改制，孔镇建筑安装工程公司更名为孔镇正大建筑安装工程公司，他又担任项目经理。周荣保踏上了一个崭新的平台。

三顾茅庐，走进村里挑大梁

2006 年，和凤镇拉开了奋力奔小康，建设新农村的序幕，新农村建设迫切需要精干的领头人。镇领导找到周荣保，有意请他去村委工作。当时，周荣保在建筑业正干得得心应手，第一次他没有接受镇领导的邀请。

2007 年，镇领导再次找到周荣保谈话，表示希望他到村委工作，可他还是没有接受。

2008 年，和凤镇党委走群众路线，领导直接下农村，让群众进行推荐干部。当镇领导在吴村桥村考察村支部书记人选时，村民们纷纷说道："周荣保有想法、能力强，而且对农村有着深厚的感情。吴村桥村党总支书记只有让周荣保来当最合适。"群众的意见与镇领导的想法不谋而合。面对群众的殷切期盼和镇领导的第三次真诚邀请，周荣保答应了。9 月，和凤镇党委以"双带型"人选为名正式任命周荣保担任和凤镇吴村桥村党总支书记。周荣保从大局出发，服从组织安排，离开了他从事 24 年的建筑行业，走上了村委工作岗位，挑起了带领老百姓致富奔小康的重任。

俗话说，隔行如隔山。周荣保没有村委工作经验，面对陌生的村委工作，他积极向村委老干部学习，学习他们分析问题、处理问题的方法，不断提高自己的工作能力。工作中，他总是采取多听多看多请教的方式，经常深入实地调查研究，考虑问题尽可能从村情实际出发，从群众所需、所盼、所想出发。上任一个星期，他的脚步就踏遍了村庄的每个角落，通过对群众入户调查、开座谈会、实地考察，了解群众的需求和困难。很快，他就做到了角色的成功转换，成为党总支书记，带领村委、村总支一班人马甩开膀子干了起来。

通过对吴村桥村的实地调研，周荣保认识到农村二轮承包以来，一家一户的耕作，田地高低错落，大大小小，各自为政，完全不符合奔小康与新农村建设的规模化、集约化经营要求，对机械化耕作带来严重的阻碍。经多方商议，他大胆提出了吴村桥村发展的重点项目——万亩高标准粮田整治。"万亩高标准粮田整治项目"于 2010 年申报立项，2012 年申报成功。项目得到省政府批准后，周荣保又多方积极争取资金，协调群众关系，精心组织实施。从公开招标到机械进驻，从土地平整到开沟挖渠，仅用半年时间就完成了万亩高标准粮田整治任务。如今，在吴村桥村那些高高低低的零星地块都看不到了，映入眼帘的是大片大片平坦的农田。"万亩高标准粮田整治项目"促进了吴村桥村的农田机械化耕作，极大地减轻了村民的劳动强度，增加了农民收入，得到了市、县主要领导的好评。

为了给村民的耕作带来实惠与方便，周荣保还在村里帮助承包大户组织成立了农机专业合作社，设立育秧基地。村委引进有识之士来地方开发，并为开发者提供便利条件，为开发者保驾护航。秦淮梅园落户在吴村桥村就是一个成功例子。每当春季来临，1600亩的秦淮梅园成了花的海洋，梅的世界，空气中流动着沁人心脾的馨香，成了人们观光休闲的好去处，为吴村桥村的经济发展注入了生机活力。

如今，吴村桥村正以崭新美丽的姿态，清新诱人的魅力展现在世人面前。这与周荣保书记的开拓奋进和责任担当是分不开的。群众看到村子发展了、变美了，收入增加了、日子过好了，纷纷夸奖周荣保这个书记当得好、领得正！

人民群众的贴心人

"群众有困难，村委有责任。"周荣保除了对农村发展进行大刀阔斧的改革外，还深入基层和群众打成一片，了解群众困难，诚心诚意为群众排忧解难。

贫困户老人张某有一个儿子在无锡种菜数年，家庭收入不高，仅有的一个孙子跟着儿子在无锡读书。这年，老人的孙子要转回老家读初中，老人跑了学校好几趟，联系转学之事始终没有落实。眼看就要开学，老人为孙子上学的事急得都快哭了。周荣保得知此事后，主动到老人家中安慰老人不要着急，并与当地中学校长联系询问。校长说："现在学生转学要通过教育局，不然学籍得不到落实，我们也没有办法。"周荣保立即开车到区教育局，与有关领导说明孩子转学的情况。最后，教育局回复："本地人外出打工，子女转回来读书本是正常之事，只要手续齐全就可以办理。"周荣保拿着学校出具的接收证明，在区教育局盖章后，又开车去了孩子无锡读书的学校，联系学校领导出具了转学证明与资料。周荣保花了整整一天的时间，开车近六小时把老人孙子转学读书的事情办成了。当老人得知孙子转学的事周荣保已经给办好了，激动地泪流满面，连声说道："周书记是好人呐！"

南史村有一位患有精神病的史姓单身汉。几年来每到春夏、夏秋季节转换的时候，他就会发病。发病时，就在村子里到处乱跑，有时甚至裸着身子，口中扬言要打人杀人，严重影响了民众的生活。无奈之下，村子里的人把他绑起来打一顿，甚至将他扔到池塘里。周荣保得知后，组织村委有关人员将其送进了溧水精神病医院（乌山医院）医治，并经常关心其治疗的具体情况。经医治后，这位精神病患者的病情得到了控制，回村后几乎再没有发过病。周荣保等又给他申请了国家低保，让他过上了安定的生活。此后，每当周荣保来到南史村工作时，这位史姓单身汉看见他，会远远地一笑，表示感激。周荣保对他招招手，近前问他"有什么生活困难"，他总是满意地摇摇头："没……谢谢！没困难……日子好呢！"

吴村桥村民吴某孩子出生五年了没有报上户口。吴某年轻时在无锡打工，孩子是在无锡市第一人民医院出生的。由于当时孩子的父母都没有身份证，故孩子出生证上也没有身份证明。吴某回村后到本地派出所为孩子报户口，几年多次皆未办成。孩子的父亲找到了村总支书记周荣保说明了情况，并委屈地说："孩子要读书了，没有户口怎么办？"周荣保安慰吴某说："事情已经这样了，总要解决呀。我去无锡为你的孩子把户口办好。"随后，周荣保请镇派出所指导员一同驱车赶到了无锡，走访了无锡市第一人民医院、无锡市卫生局、无锡市政府了解和说明情况。他还专门给江苏省卫生厅厅长信箱写了信，反映了这一情况，并如实亮出了自己是吴村桥党总支书记的身份，留下了自己的联系电话。功夫不负有心人，15 天后，由省卫生厅牵头，经无锡市、南京市卫生厅等多方联系，孩子的户口终于落成了。

这些大大小小关乎百姓之事，还有很多很多。但每一件每一桩在周荣保书记看来都是关乎群众福祉的大事，是关乎群众的幸福感和满意度的分内之事，更是关乎全面建成小康社会、实现中华民族伟大复兴的重要之事，一定要做好、解决好！

一枝一叶总关情。官以民为本，权为民而谋。周荣保坦言："这个村总支书记我已经当了近 10 年了，我很高兴百姓有困难首先想到来找我，我也很乐意为老百姓办点实事。群众高兴不高兴、群众答应不答应、群众满意不满意、群众赞成不赞成，这应该是广大党员干部，当然也包括我想问题、办事情的出发点和归宿点。在建成小康社会的道路上，我要与大家一道撸起袖子加油干，不让一个人掉队，这是我最大的心愿！"

人生感悟：

学习能够让人生存，在当今社会，没有一技之长，是难以立足的。学习是直接手段，一个人学到什么，决定了他未来的成就。在学校阶段，树立正确的世界观、人生观、价值观，未来的人生才会有正确的方向。

装靓人生

——记江苏省溧水中等专业学校
1988届优秀毕业生王兴宏

文/张健

中等个头，体型瘦削，清癯的面庞上，颧骨似乎有些突出。一双饱经风霜的眼睛里有着厚重的岁月沧桑感，两鬓也已经染上了白霜。不熟悉他的人第一次见到他的时候，都会对他的年龄产生错觉，误以为他已年近花甲，而他的实际年龄还差一岁才到知天命之年。

他，叫王兴宏，红升整体装饰装潢公司老总，专业从事企业工装和家庭整体装饰。虽然在溧水从事装潢装饰业不久，但已声名鹊起，很多客户慕名前来洽谈业务，生意日渐红火。

初出茅庐　历经坎坷

1988年，王兴宏从江苏省溧水中等专业学校（原溧水县职业中学）外经班毕业了。因为当时的溧水县根本没有外贸企业，所以毕业后王兴宏没有选择从事外贸行业。而是在别人的介绍下，从事了两年多的医疗器械销售工作，足迹几乎跑遍了大半个中国。做销售，一要不怕苦，经常东奔西跑；二要学会沟通，要善于与各种各样的人打交道。通过2年的磨炼，王兴宏探索出做销售的几点秘诀：一是不要轻易反驳客户，学会聆听客户的需求，就算其意见与自己不同也要委婉地说服，对客户予以肯定，学会赞美客户；二是学会向客户请教，要做到不耻下问，不要不懂装懂，虚心听取客户的要求；三是要实事求是，针对不同的客户要敢于实事求是，说明产品能否达到客户要求；四要知己知彼，学会扬长避短，市场上相类似的产品很多，要正确分析自己产品的优缺点，准确定位，用真诚打动客户。2年的销售，让他了解了世界有多大，更为他一生的创业奠定了扎实基础。

2年后，因为种种原因，他放弃了医疗器械销售工作，回到老家做了几年小生意，在社会这所大学中摸爬滚打，不断积累人脉、经验。这期间，王兴宏结了婚，有了一个幸福的家庭，但生活的压力也明显加大。20世纪90年代，改革开放富起来的第一代开始装修他们的房子。房屋装修是一个新兴的行业，而那时装修中耗时最多、也最吃香的就是木工。王兴宏在一位从事建筑行业的老乡的邀请下，生平第一次从事木工行业。一切都是陌生的，但王兴宏始终坚信，耐心之树，可以结出黄金之果。从开始干木工活的第一天起，王兴宏每天都虚心地向老师傅们请教，认真学习并细细体会其中的诀窍，每一件事情都要做到老师傅们满意为止。夏天，顶着烈日，王兴宏一干就是好几个小时，没有抱怨过一声苦，喊过一声累。连老师傅们都佩服不已。冬天，寒风凛冽，户外作业时冷风沁肌入骨，耳朵也冻得生了冻疮，可王兴宏没有退缩，依然努力坚持工作，因为在他的人生字典里，始终都有"坚持"二字，他坚信只有坚持才会取得成功。

仅仅半年多的时间，王兴宏便已经基本上掌握了木工技术，能够独当一面了。工地上的老板见王兴宏的木工技术已经熟练，有意让他单独带班负责一个工地，王兴宏也想检验一下自己的能力，就答应了。然而，和王兴宏同在一个工地上的一个师傅，是老板的亲戚，他认为自己技术比王兴宏好，也知道单独带班工资会高很多，为此和老板争得面红耳赤。王兴宏不愿意令朋友为难，便主动选择离开了老板，暂别了木工行业。

父母者，人之本也

风来雨落，秋来叶归。即使经历了人生的挫折与无奈，王兴宏依旧相信凭借自己的努力可以走出一条属于自己的路。

1992年，王兴宏在朋友的介绍下，在溧水城南的城乡接合部，帮助一个做建材销售的公司老板经营建材生意，主要销售黄沙、水泥、石子、砖头等。因老板还有其他业务，这边的生意主要靠王兴宏打理。说是建材销售公司，其实就只有一个人，王兴宏经常是员工兼老板。

由于国家加大了基础设施建设的步伐，再加上那时城乡到处都在搞拆迁改造，那些年建材市场生意持续火爆，水泥、黄沙供不应求。天刚蒙蒙亮，就有客户上门，生意好的时候忙到天黑，有时甚至连饭都顾不上吃，只能烧开水泡大碗面，饿着肚子干活更是常事。当购买建材的人多到应接不暇时，公司就聘用临时工来帮忙。为节省开支，生意量不大时，公司就让临时工回家。但很多时候计划赶不上变化，临时工前脚刚走，生意便接踵而至，再喊临时工回来也已经来不及了，于是王兴宏只能自己帮着装车。工程量大的时候一天要装十来车砖，忙碌了一天身心俱疲，连说话都没有什么气力了。这样的辛苦王兴宏不知道经历了多少回。

建材销售公司离王兴宏的家仅仅二十公里的路程，开车也不过二十分钟左右的时间，但为了生意，王兴宏却很少有时间回家，妻子张广晨一个人独自在家带着女儿，照顾年迈体弱的父母，任劳任怨，默默地为这个家付出。王兴宏说，他自己感觉到这辈子亏欠妻子的太多太多，想好好地补偿补偿，可不善表达感情的他每次话到嘴边，却又不知说什么好了。他只能默默地告诉自己，努力挣钱，让家境更加宽裕一些，就是对妻子最好的补偿。父亲退休后在家，身体状况一直以来都还不错。有一天，正在建材销售部忙碌的王兴宏突然接到妻子打来的电话，说父亲在家中突然心力衰竭，非常危险。接到电话，王兴宏如同遭到雷击，顿时惊住了，他立刻放下手中的活，开车赶回家。一路上，他边开车，边想着父母含辛茹苦一辈子，自己一直都忙于工作，没能好好地尽孝，总觉得要好好赚钱，等将来有钱了，再好好地报答父母，没想到得来的却是父亲病重的消息。真是"树欲静而风不止，子欲孝而亲不待"。回到家中，只见到父亲羸弱无力地躺在床上，一直性格倔强、意志力坚强的王兴宏再也忍不住了，眼泪夺眶而出。紧急拨打了120急救电话后，王兴宏感到自己似乎已经虚脱了。120救护车虽然风驰电掣般赶来了，但急救医生告诉他们，他父亲的情况非常严重，家属要有心理准备。果然，闪着红蓝急救灯的救护车还没有赶到医院，父亲便永远地停止了呼吸。那一瞬间，王兴宏的心里空荡荡的，人仿佛一下子苍老了几十岁。父爱如山，母爱似海！父母给予儿女一生无尽的爱，却没有好好享受过一天儿女的孝心，他感觉到心有愧疚，充满懊悔，在心里暗暗发誓，趁母亲还健在，一定要好好尽孝，照顾母亲，让母亲的晚年更加幸福。

从此，王兴宏更加努力工作，每个月都尽可能地抽出时间回家探望母亲，帮助妻子做一点家务。只有这样，他的心里才能稍微得到一些安慰。百善孝为先！不要等到"子欲养而亲不待"的时候，才知晓为人子女应尽的义务。

一展宏图　创立公司

干了几年建材销售，加上过去几年木工经验的积累，王兴宏基本知晓了建材市场的一些盈利规则和装修的基本常识，掌握了很多建筑装饰行业的需求动向。于是，他心中萌生了自己成立一家装饰公司的念头。

经过一番深思熟虑，以及对建材装饰市场的调研后，王兴宏卖掉了自己在苏州为女儿购置的商品房，作为创业的启动资金，成立了"红升整体装饰公司"。为了更好地招揽生意，扩大影响力，他将门店开在了溧水城南的毓秀路金庭国际花园的门口。"红升整体装饰公司"开业不久，便有许多客户上门洽谈业务。他耐心细致地向每个客户阐述自己的装饰理念，介绍自己公司所使用的装饰材料无甲醛、苯等有害物质，属于健康又环保的产品。在产品的耐用性、美观度上都远远超过市场上的同类型装饰材料，且无论是使用在地面还是墙面都易于维护、清洁。

精诚所至，金石为开。有几个需要装潢的客户被王兴宏的诚意所打动，双方签订了装修合同。而王兴宏并没有因为合同的签订而沾沾自喜，他反复叮嘱施工人员，一定要做精、做细、做好。因为这不仅是公司开业后的第一批业务，也是公司的一个面子工程，如果做得不好，以后的业务会很难开展下去。王兴宏每天亲自到客户家中，实地检查、督促。他聘用的大都是拥有多年装潢经验的老手，他们看见老板如此重视，更是不敢有丝毫疏忽。他们对每一个房间、客厅、厨房、卫生间的面积都精心测量，根据主人对色彩的喜好进行合理布局，风格设计、材料选用也精心考虑，每一个细节都不放过。

细节决定成败，他们精益求精地工作，终于向房主交上了一份满意答卷。看着焕然一新、富丽堂皇的新居，房主全家人，还有闻讯赶来的邻居，全都赞不绝口。当邻居们进一步了解到，王兴宏公司装修的价格相较于本区内其他同类型企业都要低廉时，更是惊讶不已，纷纷表示要帮助王兴宏介绍业务，房主也表示愿意将自己的这个新房作为红升整体装饰公司的样板房。王兴宏一一拱手称谢。他知道"金杯银杯不如老百姓的口碑"，客户们的口口相传就是替自己打的最好的广告。

品牌一旦建立，业务随之而来。上门洽谈业务的客户逐渐增多，公司运营进入了繁忙模式。为了方便联系业务，王兴宏招聘了坐店业务员。他与县内外几家老牌的施工队签订了合作协议，共同发展，他自己主要负责材料销售和施工现场质量监督。如今，王兴宏的红升整体装饰公司的业务迅速发展，业绩也步步增高。

用心经营　铸就辉煌

对于将来的发展，王兴宏显得非常沉着淡定，他说，他既不会对公司现有的业绩沾沾自喜，也不会好高骛远；要想长远发展，需有一个切实可行的计划和长远的目标。庸者等待机会，智者把握机会，强者创造机会。目前，他只想做好眼前的事，踏踏实实地工作，一步一个脚印往前走，实实在在地为客户服务，高标准高质量地做好每一个业务，客户的满意就是他最大的快乐。话语朴实，却掷地有声，铿锵有力。事实也再次证明，"红升整体装饰"用精益求精、质量第一做到了让客户满意，在溧水装饰界刮起了"红升"风，树立了口碑。

谈及母校江苏省溧水中等专业学校，王兴宏显得很兴奋，直到今日，他依旧能记起读书时的诸多往事。他很感恩学校给予他的培养，老师们的悉心栽培让他懂得了如何做人、如何做事！他明白，唯有努力将自己的事业做好，更好地服务社会，才是对母校最好的报答。

王兴宏的生活很俭朴，不喜欢购买奢侈品，也不喜欢饮酒。最大的爱好就是泡上一杯绿茶，点上一根香烟，静静地考虑每天该做什么，未来该怎么做。千里之行，始于足下。只要选择了正确的目标，迈开了前进的步伐，以持之以恒的决心和战胜困难的坚强意志贯穿始终，一切困难都不过是生活的试金石，最终会让强者成为人生的胜利者。滴滴雨水，以汇溪泽，涓涓细流，以汇江河。我们完全可以预见，王兴宏的事业一定会越做越强大，芝麻开花节节高。我们也衷心地祝愿，王兴宏的红升整体装饰公司，明天会更好！

人生感悟：

庸者等待机会，智者把握机会，强者创造机会。目前，我只想做好眼前的事，踏踏实实地工作，一步一个脚印往前走，实实在在地为客户服务，高标准高质量地做好每一个业务，客户的满意就是我最大的快乐。

青春不老　梦想长青

——记江苏省溧水中等专业学校
1989 届优秀毕业生徐长青

文/尹兆梅

　　在溧水有这样一位企业家，他的生意横跨医药业、餐饮业、娱乐业、农业综合开发四大行业，拥有南京市区的健兴堂大药房、溧水的同仁药店两家药店，一家全国连锁的吴老大牛骨头知名火锅店，一个位于南京苏宁环球楼下近千平方米的大型动漫城和一座面积 1500 亩的长青农场等 5 家企业。他，就是徐长青，江苏省溧水中等专业学校 1989 届会计专业优秀毕业生，南京健兴堂大药房总经理。

　　美国总统威尔逊说，我们因梦想而伟大，所有的成功者都是大梦想家：在冬夜的火堆旁，在阴天的雨雾中，梦想着未来。有些人让梦想悄然绝灭，有些人则细心培育、维护，直到它安然度过困境，迎来光明和希望，而光明和希望总是降临在那些真心相信梦想一定会成真的人身上。徐长青，就是一位相信梦想，执着奔跑追梦的人！

上学——点燃最初的梦想

徐长青出生于溧水偏远的晶桥乡水晶山窑村。家中祖祖辈辈都是农民，父母常年脸朝黄土背朝天在田地里讨生活。徐长青兄弟三人。三个儿子，是徐长青父母的骄傲，也是他们的一大心事。从徐长青懂事的那天起，听到最多的话就是"长青，好好读书，考个中专，早日参加工作，帮父母分担一点家庭重担"。

1986 年，徐长青在家乡溧水水晶中学初中毕业后，听从了邻居施桂兰和杨志斌夫妇俩的建议，报考了江苏省溧水中等专业学校（原溧水县职业中学）。施桂兰与杨志斌都是溧水中专的老师，他们看着徐长青长大，对徐长青一家的情况非常了解。他们推荐徐长青选择财会专业，认为企事业单位都需要财会人员，毕业后就业机会大，成绩优秀还可以分配工作。年少懵懂的徐长青，就此在心中种下了梦想的种子，有了人生的第一个目标——毕业后做一名会计！

为了圆自己的梦，进校后徐长青每周仅靠父母给的两块钱度日。两年中专学校的清苦生活，徐长青丝毫不怕，每天勤奋努力地学习。由于在校表现良好，徐长青深得老师们喜爱和欣赏，最终以优异的成绩从 1987 届财会中专班毕业，踏入社会工作。

三十年后的今天，说起溧水中专学校，他还是满怀深情地说："我这一辈子都不会忘记溧水中专学校老师们的深情与厚爱。"他时常如数家珍般把每一位老师的名字想起：施桂兰、杨志斌、吴大好、杨慧、张柏英、吴建溧等。

徐长青感谢他们用真诚的爱点燃了自己最初的梦想。

工作——初次创业的梦想

1987 年毕业后，徐长青如愿地踏进了洪蓝供销社的大门，成为一名真正的会计。在工作中，他兢兢业业，将账目算得清清楚楚，很少有误差。1989 年，在当了两年出纳会计后，他被调入晶桥供销社，做了长达八年的主办会计。1997 年，又因工作出色，被调入溧水白银商厦，担任供应科科长。

整天面对的是钞票、数字、算盘、报表，几乎一成不变的单位工作，让他心底暗暗萌生了倦意，一个新的梦想在他心底扎根并开始发芽，我能不能做一个为自己干活、为自己挣钱的人呢？在那个计划经济的时代，这个梦想有点虚、有点悬，还会被人质疑。但他一直相信别林斯基的格言：没有理想，就达不到目的；没有勇敢，就得不到东西。

徐长青是一个既有理想也够勇敢的人。随着改革开放的不断深入，他想做第一个吃螃蟹的人。有什么项目可以做呢？这时，他想到了洪蓝御带糕！洪蓝御带糕是溧水久负盛名的特色产品，传说因乾隆下江南时笑称"此糕乃朕之御带也"而得名。它有着独特的味道，酥甜爽口，且馅料多样。洪蓝御带糕做工极其讲究且产量有限，只有洪蓝供销社糕饼坊会做，别处极少，一般人不知道，知道的人想吃但是没地方买。徐长青想，如此美味的地方糕点能不能加强推广，再扩大生产，做出它的名声呢？

有想法，随之就有行动。刚好单位的糕饼坊搞承包，徐长青在不影响工作的情况下，想办法承包了供销社的糕饼坊。于是，他请专业师傅加大生产、批量制作，自己则利用下班和休息的时间亲自到各地去做推销。

那时，南京苏果超市有限公司刚刚成立，每天都是宾客盈门。为了把洪蓝御带糕打入苏果超市，他带着最好的御带糕样品独自来到南京。为了见到苏果老总马嘉梁，他不舍得住旅馆，就在三牌楼离苏果最近的一个麦当劳店里苦苦熬了四天三夜等待马嘉梁老总。他的良苦用心和御带糕的美味感动了马总，不但拿到了御带糕进入了溧水、江宁、高淳、句容等地苏果的通行证，并破例不需要交一分钱的进场费。

天道酬勤，机会总是留给有准备的人，回报总是留给辛勤付出的人。徐长青从洪蓝御带糕上挖到了个人创业的第一桶金。

创业——爱拼才会赢的梦想

1999年，在改革开放的大潮中，下岗再就业成了新趋势。供销社改制解散了，徐长青也结束了他多年的会计生涯，再就业进了溧水鲁星医药公司。已经初次品尝创业胜利果实的他，已经很难在一个固定单位循规蹈矩地工作了。

因此，第一批辞职开药店的众多职工中就有他。那时的徐长青丝毫不懂医药营销，仅凭一腔热情，就拿出所有的积蓄在溧水弯子口租起了门面房，挂起了"同仁药店"的牌子。由于不擅经营，不懂门道，他的药店持续亏损了半年，最后连房租都无法支付。房东屡屡上门索要租金，差点逼着他关了门。而人一旦走投无路，就会爆发出意想不到的能量。徐长青拼了！他开始想办法，找出路，与蜂芝胶囊、香榭丽等厂家签订代理合同，做产品的独家经销和分销，不断寻找好的医药商家搞合作，并在平时加强了医药方面的专业知识学习。经过他一点点的完善，把药店从几欲关门，做到起死回生，而后又做到了盈利颇丰。正如他的口头禅："爱拼才会赢！"后来，因为门面房到期，店面被房东收回，药店才不得已搬迁到洪蓝镇的临街铺面，现在一直由家人经营。

不过，徐长青的梦想并没有停止，而是飞得更高，飞得更远，他将自己的目光瞄准了南京城。2002年，徐长青的一个内蒙古朋友来南京考察，当时网吧刚开始盛行，只要开店就会赚得盆满钵满。他当即筹资20万与朋友在中央门开起了网吧。看着日进斗金的大好势头，为了聚集更多的人气，他们开始打造动漫城，最多的时候开了八家动漫城，几乎遍布全南京。

由于摊子铺得大，合作的人员变得越来越多，越来越复杂；又由于精力有限，内部和财务管理跟不上，好多动漫城开始亏损。徐长青开始调整思路，通过股权转让或停业缩减了门店。最后，他自己单干，不求做大，只求做稳做强。如今，他投资开办的湖南路苏宁环球购物中心楼下的动漫城，总面积达1000多平方米，年收益达到四五百万元。最近为吸引更多的游客进入，又投了700万打造了亲子乐园，生意一直很好。目前，它是徐长青最丰厚的资金来源。

经营动漫城的同时，徐长青的商业触角又伸到了餐饮业，他在南京五塘广场附近开了一家中国十佳餐饮连锁之一的吴老大牛骨头自助火锅城。该火锅城环境优雅，口味独特，好评如潮。

也许是多年经营药店有了感情，徐长青无论怎样忙碌，无论开几个店，仍对医药营销充满兴趣。加上对药店营销熟门熟路，他动起了在省城开药店的心思。2015年，徐长青在鼓楼区东门街花八十万注册了健兴堂大药房，主要经营处方药与非处方药、中成药、中药饮片、生化药品、生物制品、化妆品、一类医疗器材等。

他的经营理念是：健康兴业，诚信为本。他信奉细节成就完美，小事成就大事。他说："不会有人随随便便就能成功，没有一定的经验、资本和人脉的积累，每走一步都是艰难的。"徐长青正是做好了这些细节，才成就了今天的自己。

休闲养老——回归故园的梦想

往事不舍流年故，家山老槐何时了？万里红尘人飞渡，望乡台上唱童谣。

在外的游子漂泊久了总是会想念自己的家乡，尽管徐长青已经事业有成，但徐长青时常会想念故土。一次，他在回家乡的路途中，无意间发现了一大块未经开发的原生态土地，虽然土地上杂草丛生，却依山傍水，绿树环抱。他心想：如果这块地可以进行合理的规划和设计，说不定可以打造成一片属于自己的家园。在这里，可以和志同道合的朋友一起合住养老，既能锻炼身体，呼吸新鲜空气，也可以自己种些无公害蔬菜，养些散放的鸡、鸭、鹅等家禽。

徐长青把自己的想法说给朋友们听，并把他们请来集体商议这个计划。经过慎重的商讨，大家一致决定将这里打造成集旅游、观光、休闲于一体，与无想山国家森林公园遥相呼应的枫香岭休闲养老区。建成后的休闲养老区可将落后的枫香岭面貌做一番改进，为当地的农民整治出一个风景优美、文明富裕的新农村模样。

　　从 2013 年开始，敢于追梦的徐长青就着手整理申报长青农庄的各项资料，从立项、项目管理，到与政府对接等流程，都是他一个人在奔波忙碌。申请的流程也相当烦琐，从村里跑到乡镇，再跑到区、市，一个部门一个部门的申请，一张表格一张表格的填写，厚厚的一摞子文件堆在案头，很多细枝末节的事情至今还在完善过程中。最终获批的荒岭野地共达 1500 亩，前后投入资金超千万元，租期为 50 年。为了将长青农庄开办起来，他几乎耗尽南京动漫城、药店和火锅店的所有收入，只留下药店的进项过生活。

　　经过几年的苦心劳作，长青农庄已初具规模。经济果林树木种植，国外引进的紫薇花新品种种植，都有了一定的规模；向政府申请资金修建的一条水泥路，如玉带蜿蜒盘旋在山腰上，既方便了四乡八邻的村民，也便利了奔波于山头各处的自己。他还把自己农庄内价值六万元的杉木捐给村里做公益，无私地造福了一方的百姓。

　　徐长青能够走到今天，除了具有不怕吃苦、不怕失败的精神，更是有着朋友和家人的支撑。他努力打拼事业，家人在背后为他做后盾，妻子多年来一直无怨无悔地支持他，不但独自照顾一双儿女，还兢兢业业地管理着家里的药店，放手让他去闯。父母尽管心里很不乐意年近五十岁的儿子瞎折腾，可在他把农庄建起来时，七八十岁的两位老人还是义无反顾地来帮他守护农场。"趁着还能走动，想多做点事充实自己，不断挑战自我的极限。既然是认定的事情，就值得去拼一拼，不管结果如何。在不断创业的道路上，我始终坚信爱拼才会赢！"这是徐长青在历经世事之后的肺腑之言。

　　为最美乡村献一份力，是他努力的方向！建一个既能旅游，又能休闲，还能养老的长青农场是他最美的梦！有梦想的人，不会老；不放弃的人，叫长青！

人生感悟：

如果你不知道下一步该往何处走，那就将手头的事情做好。所有你将来得到的，都离不开今天的行动；不要在忧虑不安中荒废了当下，不要在迷惘不觉中错失了此刻，因为这是你唯一能把握的改变命运的时机。

娟秀女子　澎湃人生

——记江苏省溧水中等专业学校
1991 届优秀毕业生于娟

文/尹兆梅

　　初见于娟，是端午节之前的一个傍晚。出现在眼前的于总，身材匀称，穿着大方，一头微卷的秀发，一双平和的亮眼，一脸微微的笑意。刚见面，就很自然地打了个招呼，让人一下子就把陌生的距离缩短了很多，足见她有着怎样的亲和力。约见于娟，并不容易，她一再以自身的微不足道而推诿，却不经意间透露出自己的谦逊与内敛；当清楚了此次拜访和撰稿目的时，她便从返回溧水过节的短短时间里抽身赴约，让人又见识了她的守信与热诚。处于安静咖啡店的一隅，两杯最简单的奶昔，两人相对而坐。于此，我更深地走近她，去认识她，静静聆听她娓娓讲述一个娟秀女子多年来所付出的那些努力和勇敢，又收获了怎样壮丽澎湃的人生。

学校——小荷才露尖尖角

　　于娟，1974 年 12 月出生于溧水县，父母都是有知识有能力的单位干部。在那样的年代，拥有这样的家庭背景应该算是极其幸运且无比幸福的。按理说，家中的娇娇女，父母的呵护宠溺一定不会少，即便惯得无法无天也属平常。可事实并非如此。比较正统，也比较正直的父母，一直教导女儿：自己的路自己走！一定要好好学习，无论读到哪一步，父母都竭尽全力去支持；工作的事情也必须自己去选择，自己去决定，不能依靠父母谋生存。正因为有这样的家庭教育熏陶，还有向往自由、勇敢果断且独立性强的个性，于娟才得以走上成功之路。

1989 年，县中初中毕业的于娟，担心分数达不到县中高中的分数，便果断地选择了江苏省溧水中等专业学校（原溧水县职业学校）的机械中专班。该班当时是南京职业中专校在溧水设立的专业班，录取分数并不低。初到中专班，于娟惊喜于班主任就是曾经县中教授自己政治课的吴伯顺老师。来到新的学校，就面临着新的挑战。于娟被吴老师任命为班级团支部书记，并一直不停地给她加压，鞭策她进步。吴老师要求她在学业上必须名列前茅，还在学校举办大型活动时竭力推荐她做主持人。普通话要标准，主持稿要自备，节目串接要自然，于娟都勇敢地一一去尝试。学校组织的作文竞赛、演讲大赛，一样少不了于娟的身影。起初，于娟什么都做不好，吴老师就毫不留情地给予批评和指正，但也会如慈父般热心地指导她改进与提高。倔强不服输的于娟也抓住一切时机去练习，一遍又一遍地改稿子、背稿子，争取不停顿、不拖音、不断句、不错词，一直练到筋疲力尽，自己满意才罢休。那时的吴老师还提倡学生们自己上讲堂，自己当老师。于娟很喜欢当老师的感觉，每次备课都非常认真，准备得也非常充分。课堂上的一次次卓越表现深得师生们赞赏。小荷才露尖尖角！校园里的于娟，已经初绽芳华！

进厂——小荷渐露峥嵘

转眼中专毕业了！1992 年，于娟获得了第一份工作，被分配到当初实习的溧水县活塞环厂，这可是当时溧水企业界的五朵金花之一。学了机械专业的于娟并没有被分进与机械相关的车间，而是进了厂财务室，当了一名出纳员。整日里与银行打交道，跑贷款、跑市行、跑省行，干着与钱与账打交道的事。不懂的，就多问，既问厂里的老师傅，也问银行的工作人员。平时，更是把自己休息的时间挤出来多学，多看书。好学勤奋的于娟一直不愿止步于眼前，为了学习更多的关于会计专业方面的知识，又继续努力求学应考。边工作，边上学。终于，1994 年她考上了南京农业大学经济贸易学院的会计审计专业，并且当上了班长，还被选为学生会学习部部长。在新的领域里，她继续发挥自己的强项，多次参加学校组织的各项大型活动，不断地充实自己的知识，不断提高自己的能力。

1996 年，于娟凭借自己普通话的优势，凭借自己做校园主持人的经验，来到溧水广播电视局兼职，做了当地第一位电视导播主持，专门做电视台广告部的电视导播引领导购；周六、周日还主持直播一档听众非常喜欢的《点歌台》节目；溧水广播电台还专门录播一档《生活调色板》节目，由她自己策划、编辑、配乐、录放。除了在单位干好自己的本职工作，于娟还得抽出许多时间收集录制节目的有用资料，截取录音所需的音乐，还得合成剪辑，并让节目顺利审核通过。其中，庞大的工作量，烦琐的细枝末节，既让于娟感到辛苦，也让她充满成就感！她一边在企业里按部就班地做着会计，一边在广播电视台的录音棚里静享着心灵的自由和安宁。她说，这是她一直怀念和迷恋的感觉：身处喧嚣而远离喧嚣的独自宁静，可以放空自我，浑然忘我。这种生活方式不仅可以在精神上愉悦自己，在收入上也可以给自己很大的补充，单位的工资上交父母，兼职的所得可供自己云游四海，或是去做一些自己想做的事情。这是她风光无限且获益颇丰的一段人生经历！小荷渐露峥嵘！电视里、广播里的于娟充满华彩与荣光！

跳槽——映日荷花别样红

时间如流水！2002 年，婚后的于娟生了宝宝，生活压力也变得越来越大。偶尔她也想着是不是还可以做点什么。当时厂里和她关系不错的老工会主席退休去兼职做了保险营销员，有空时也总是带她一起听晨会。很多相熟的朋友都拉着她，劝她加入保险营销的团队，甚至连中国人寿保险公司溧水支公司的老总也邀请她加入。招架不住多方的诱惑，于娟有点心动，却又不敢放弃现有的工作，她希望能够兼职。老总则力荐她考组训讲师，年薪二十万元。2003 年时的二十万元，不是一般人敢于想象的高薪。于娟为这二十万元辗转难眠，既想试试，又担心前途志忑未知。几番犹豫，在一位就职于保险公司的亲戚的鼓励下，于娟决定考考看，那么难，未必能考上呢！因为是中国人寿保险公司江苏省分公司招考专职讲师，其覆盖面广，录取率极低，胜算太小，于娟反而考得轻松。机会总会眷顾那些及早做好准备的人，于娟作为溧水唯一一名讲师被录取了！单位请假 35 天，离开八个月的宝宝，于娟投入了省公司的专职讲师培训。进入省人保公司的培训课堂，全省的优秀人才济济一堂，全封闭的专业培训严谨而正规，老师讲授的知识全新而精进。短短 35 天的培训，令于娟震撼了！难以决定的选择，终于有了答案！于娟征求父母的意见，父母告诉她，他们并不太在意她对职业的选择，只希望她能够好好把握，并认为她想干好一件事，就一定能干好！奥地利著名作家茨威格说："勇气，是逆境中绽放的光芒，它是一笔财富。拥有了勇气，就拥有了改变的机会。"就这样，于娟跳槽了！

最初进入中国人寿保险公司溧水支公司，于娟对于保险业知之甚少。她暗下决心，必须从头学起，不但要学要做，还要做得更好。2005 年，凭借自己的勤奋和努力，于娟考入了省人保公司的核心讲师团，给新招聘的讲师去讲课。全省仅有的五位核心讲师团成员，她是唯一一位来自区县人保公司的讲师。没有教程，自己编；没有现成的胶片，自己动手做；没有 PPT 模板，自己想办法。

她很感恩自己遇到的每一位领导和搭档，每个人都会让她有不一样的收获。曾经有位领导说：每个人都会与人交往，每次都要想想，与他相处，自己学到哪些东西。与人交往，交往了什么？就是学习对方的优点！学会或分享到每个人的优点，至少自己是开心的。有的人教怎样有效地开会，有人教职场别具一格的布置，还有人教会议意见怎样收集，等等。当你把不会的都做了，经验自然就丰富了。正因为一路上有如此之多善意的人们给予她点滴的帮助，还因为她坚持不懈地努力，勇敢地去坚持，所以从她 2003 年 12 月进入保险公司，至 2008 年，短短的五年时间，就从个险部做到经理，又从经理做到网点培训，几乎所有岗位都做了一遍。领导带着她学习做营销企划案，做活动营销案，有电视台节目策划经验的于娟很快就能上手。

2008年，于娟被提拔为中层干部，进入了管理层，任个险部经理，也有了单位编制。2010年，再一次从行政岗位跨到业务岗位，重新带领团队，把个险业绩做到了南京市第三名的好成绩。2012—2014年，她所管理的个险营销团队各项成绩都排在了南京市前列。2014年，她被抽调到南京分公司个险部当了副总，开始为培养人保公司的新人奉献自己的光和热。她还不断放大自己的格局，为全省全市的保险推行活动做企划、营销。例如，2014年青奥会举办期间，她协同保险公司其他伙伴组织大型活动——走近冠军。他们走进南京体院，与冠军们一起锻炼，一起交流，这项活动赢得全公司的好评。

2015年8月，于娟由中国人寿保险公司南京市分公司个险部调入江宁公司，800人的大团队，经过一年的扩充，就达到2000多人，取得保费过亿的优异成绩。这一年，于娟荣升中国人寿保险公司江宁支公司分管个险渠道的总经理，现在是中国人寿保险公司江宁支公司副总经理。2015年被评为全省优秀管理干部，2016年被选为先进党员。面对这些荣誉和来自各方面的肯定，于娟说：管理干部的价值，不仅仅在于自己的业绩有多好、指标完成得有多好，而在于自己所带领的团队即保险代理人的迅速成长，这才能显示出最高的工作价值。她对学员们说，学习非常重要，能力的培养更是必不可少，在以后的工作、生活中尤为重要。她坚持多年学习的习惯，不停地给自己充电，不停地吸收新的知识，听企业家论坛、学MBA课程、关注心理学等，并将自己所学贯穿到新人的培训中，用当年中专学校吴老师的方法，要新人讲师们自己备课，给同学们讲课，自己组织课堂培训，独自完成幻灯片制作，动手做PPT、广告PS、KPI大数据分析以及职场布置等，强化练习，加速新人的成长。于娟不仅对新人讲师们在学习和能力上有着不折不扣的要求，而且还希望她团队里的每一位成员都能有品质地生活、工作，希望他们清楚地知道自己想要什么，有计划有目标地实现个人梦想。

为了激励新人，她总会把她的讲师曾对她讲过的一句话分享给大家：在别人眼里，你希望自己做一个被别人同情的人，还是愿意做一个被别人嫉妒的人？这句话，她也拿来赠送给母校——溧水中等专业学校的学弟学妹们，并鼓励他们：只要努力，终会有所成就！

今天的于娟，已走过了青葱岁月的迷茫和犹豫，但是她仍坚持青春芳华时的努力和勤勉。她不做被人同情的无能者，立志成为令人嫉妒的优秀者！她像一朵夏日盛放的花朵，澎湃着自己永不止步而光彩夺目的人生。宛若映日荷花别样红！

人生感悟：

没有一条路可以平坦无阻，只有在风雨中不怕失败地打拼，才会看到最美的彩虹。我们在前行的道路上要不断地学习并提高自己的能力，有计划、有目标地实现自己的理想，只要努力终会有所成就。

乘风破浪　执着如一

——记江苏省溧水中等专业学校
1991 届优秀毕业生章长林

文/陈春生

"在遭遇挫折的时候，一定要坚定自己的信念，要相信自己一定能从困境中走出来，实现自我价值。"回首从江苏省溧水中等专业学校（原溧水县职业中学）毕业后的 25 年人生历程，成都博美医疗用品有限公司总经理章长林无不感慨地说。

章长林是江苏省溧水中等专业学校（原溧水县职业中学）外贸经济班学生。多年来，他闯荡商界，历尽曲折和坎坷，但每一次经历失败后总能及时总结经验，开辟出一条属于自己的道路。如今他所创立的成都博美医疗用品有限公司在成都市久负盛誉，公司的一系列产品成为成都市的知名商品。

博学笃志成大器

章长林家住溧水群力乡开泰村，家有兄弟三人。他知道自己的家庭并不富裕，兄弟三人如果全都读高中上大学，家里肯定负担不起，于是他读初中时就想早一点凭借一技之长在社会立足，赚钱养家。

1988 年，他初中毕业，主动报考江苏省溧水中等专业学校（原溧水县职业中学）外贸经济专业，开始了中专求学生涯。

进入职中后，章长林有幸遇到了班主任罗洪平老师。罗老师对他关怀备至，给予了他很多锻炼的机会。在班级里，他担任班级文艺委员，主持过全校的元旦文艺演出，还曾上台表演过节目。他表演的小品《看医生》生动幽默，博得了全校师生的好评。那时，学校定期要进行黑板报评比，他每次都积极准备，组织班上几个擅长书法和绘画的同学认真应对，每次黑板报评选都能获得全校的一二名。语文老师杨慧指导他和其他同学共同创办了《探索报》，那时由于条件限制，没有铅字排版，刻写只能用铁笔蜡纸，虽只出了十几期，但报纸的油墨香味至今仍留存于他的脑海里。章长林经常参加学校组织的各种比赛，表现活跃。有一次，他参加了学校的演讲比赛，在演讲台上表现出出众口才，获得了二等奖。由于专业涉及外贸，学校还要求学生利用电视、学习机、广播等设备学习英语，章长林学习英语的时候热情高涨，因此英语学得很扎实。担任文艺委员、主持节目、出黑板报、出手抄报、参加演讲比赛、刻苦学习英语等既训练了他的口才，也锻炼了他的胆量，同时为他以后走向社会适应工作岗位奠定了扎实的基础。

1991 年，溧水职中毕业后，学校给他安排了半年的实习时间。章长林应聘去了溧水花园大队兴办的一家医疗器具厂，厂领导安排他和另一位同事一起跑供销。领导为了锻炼年轻人，经常派他们到安徽、湖北等地去推销医疗器具。出差在外，有时一不小心备用金开支超标，这时他们就发电报让单位汇款，但有时要等好几天。他记得，有一次他们两人身上只有一块钱，汇款还没到，只能到街上买了四个馒头充饥。无意间，他看到了通往南京的火车，突然悲从中来，特别想家。有时候，出差需要坐船，他们因为身上钱不多，所以只能挤在五等舱中，船舱里脏乱不堪，臭气熏天，但他们还是坚持过来了。这段跑供销的经历虽然遇到了很多困难，但是丰富了章长林的生活阅历，并使他懂得了与人交往的种种技巧。章长林意识到销售最主要的就是沟通，学会用当地方言与人沟通，既可以增强亲切感，又能听懂对方的一些"暗语"。于是，他每到一处都会用心学习当地方言。由于他刻苦好学，又有着较高的语言天赋，很快掌握了 10 多种地方方言，每到一处，都能流利地用方言与男女老少交流沟通，这为他在以后的医疗器具的营销上积累了经验。

积跬步至千里

"读万卷书不如行万里路。"由于工作原因要经常出差，章长林走南闯北，在全国各地留下了他的足迹。一路坎坷，几经波折，也练就了他不怕困难、不轻言放弃的个性。

谈起自己的工作经历，至今他还记得那次惊心动魄的"爆炸案"。1991 年春节前的一天，章长林到湖北推销医疗器械。他来到了武汉的新洲县，晚上五点多下车以后，准备入住车站旁的一家叫"振兴旅社"的旅馆。但这家旅馆条件并不好，既脏又乱，章长林犯了嘀咕，由于长时间的奔波，他非常劳累，便想找一家比较安静的旅馆休息，于是最终选择了街对面的一家旅馆住宿。来到房间，他刚放下行李准备倒水喝，只听得"轰隆"一声，响彻云霄，烟雾瞬间弥漫在了房间里，他吓得赶紧躲在桌子底下。等到烟雾散开后，章长林把头伸出窗外一看，对面的振兴旅社的一大半被炸平了。接着就停电了，警报也拉响了。街上的车子全部停下，大家用车灯照着那家旅社帮忙救援。事后，他才了解到，那家旅社有人买了四公斤炸药想要带回家制造爆竹，不小心燃爆了，酿成了大祸，救援人员当场从废墟中运出十几具遗体。一想到这件事，章长林就心有余悸，庆幸自己躲过一劫。这件事让章长林懂得了这样一个道理：人生的旅途上，随时存在着不确定的危险因素，人要学会坦然面对，学会看淡一些。

两年后，溧水医疗器具厂因为经营不善倒闭了。章长林约了几个同事转战常州跑医疗器械营销，因为常州人思想比较活络。后来，由于种种原因，章长林销售过灭蚊器，开过宾馆，做过导游，但是，他永远记得一个老板曾对他说，医疗器械行业是一个朝阳行业，你一定要坚持到底。因此，后来虽然经过了诸多波折，他最终还是干回了自己的"老本行"。可惜，那时与他一起跑常州营销医疗器械的几个人，只有他一人坚持到了现在。

1998年，经历种种磨难与挫折后，他抱着破釜沉舟的心态去广东寻找机遇。他来到广东东莞，按图索骥找了几家公司应聘。结果，这几家公司的老总都非常愿意聘用他。因为他在营销方面有着丰富的经验。最终，他选择了普美医疗用品有限公司。章长林在面试时，老板给他预留了20分钟的时间，最后老板却和他谈了2个小时。他在营销方面的独特见解令老板刮目相看，当场就决定聘用他。

章长林认为，经历是一笔珍贵的财富。不管做什么工作，章长林都全身心地投入，认真做好每一件事，用真诚之心与别人相处。他执着地认为：功夫不负有心人，只要你努力去做了，不会不成功的。做过这么多工作，章长林最热爱的还是医疗器械事业。

一个人孤身在外打拼并不容易。他说，身处逆境时一定要坚定自己的信念，要相信家人，家人是最大的支撑；相信自己，付出一定会有回报。章长林谈到了一件让他永远不能忘怀的事。那时，他在广东东莞身无分文，发了电报让自己的哥哥和姐姐通过邮局给他寄800元钱。这是他工作后第一次向家里要钱。那是一个星期六，他向公司老板请了假，专门在"家"等，可是等了整整一天，汇款单没到；他想是不是家人没收到信，还是筹不到钱，还是……他一直忐忑着，但是没钱哪里也去不了，什么事也干不了，只有等一条路。于是，他只好一直等，一直等……一直等到第二天下午四点多，汇款单来了！他担心邮局关门，接过汇款单立马就往邮局跑。邮局的工作人员问他多少钱？他说，800元呀，邮局的人起先不给他，只是盯着他看，然后将汇款单递给他看清楚，他定睛一看，汇款单上写的不是800元，而是2000元！他抱着汇款单痛哭流涕，他当时就发誓，自己一定要挣很多钱，今后一定要好好报答家人。是的，事业中谁都有遇到困难的时候，有时觉得那真是一道过不去的坎。就如有人说的，昨天很残酷，今天更残酷，明天很美好，可是很多人死在了今天晚上。但是永远别忘了，我们还有家人，家是我们永远的依靠。

那时正逢西部大开发。有一次，聊天时，公司老总问章长林："你觉得，公司是应该向上海发展还是向西南发展？"简简单单一个问题，章长林把它放在了心上。过了一个星期，他拿出一份长达10页纸的市场调查报告。在报告中，他分析指出：如果是尖端大型设备，公司可以到上海发展，从上海可以走向全国；但是，像本公司这样的设备应当向西南发展，因为那里人口多，耗材多。老总对报告大为赞赏，并从此与章长林结为好友。后来，公司采纳了章长林的意见，决定向西南进军，派章长林到四川成都担任分公司经理。章长林来到成都后，积极开拓医疗器械营销业务，第一个月的营业额就达到了10万元。老总十分赏识他，多次在公司会议上夸赞他有眼光。后来，他在营销策略上与老总意见不合，最终章长林离开了公司。但这并不影响章长林和公司老总之间的感情，他们至今还是好友。

创业领悟人生意

经过多年的摸爬滚打，章长林对医疗器械的市场销售已经基本了解，于是决定成立一家属于自己的公司——成都博美医疗用品有限公司。经过多年的探索与努力，博美公司的医疗器械在市场上具有很强的竞争力，公司创办15年来占有越来越多的市场份额。目前，公司专业生产消融电极、手术电极、中心电极、LEEP电极、穿刺器及各种导线，生产销售神经疼痛丛刺激器、一次性使用神经疼痛丛刺激器。代理销售德国马丁电外科工作站、高频电刀、无影灯、手术床及吊塔系列产品。成都市的医疗机构中的西医医疗器械有90%来自博美。公司拥有职工60多人，有四个对外办事处，销售人员近30人，年营销额达到了3000多万元。

如今由于公司的业务需要，章长林常常需要到社会上招工，但让他失望的是，有一些从职业中学毕业出来的学生在技术操作方面显得很薄弱，不能刻苦地钻研技能。想起他自己在职业中学读书时刻苦钻研的样子，他感慨道："那时候职业中学的学生学理论知识也好，职业技能也罢，都非常用心。在职业中学学到的那些东西能让人一辈子受益，而现在有些职中的学生怎么就无法静下心来学习了呢？"

最后，谈到职业中学的教育与学生就业前景时，他寄语年轻的职中学子：古人云，荒年饿不死手艺人。其实，职业学校培养的就是手艺人。职中的学生，要发愤学习，努力实践，凭借坚守精神学到真本领，才能成为一个对社会有用的人。三分天注定，七分靠打拼，人永远不能认命，人要学会主宰自己的命运。他说，他始终相信人定胜天。营销是一门艺术，推销产品就是推销自己。要增强自己的信心，就要在学习上下苦功夫。在人际关系上，要善待别人，善待朋友，多一个朋友多一条路，在你需要的时候，他们说不定会给你意想不到的帮助。

人生感悟：

宝剑锋从磨砺出，梅花香自苦寒来。人不能因为一点挫折和失意就放弃了原定的追求目标，没有挫折就永远不会成熟，也就永远没有成功的一天。所以，我们应该接受命运的洗礼，在逆境中磨砺出不一样的人生。

平凡岗位写春秋

——记江苏省溧水中等专业学校 1987 届优秀毕业生曹德华

文/张健

在南京市溧水区东屏镇水务站，有一位名叫曹德华的会计人员。熟悉他的人都知道，他为人正直坦诚，性格乐观积极，工作踏实认真、兢兢业业，不计较个人名利得失，在办公室财务会计的岗位上已经工作了整整三十年，曾受到省、市、县（区）、镇等各级部门的多次表彰，多次获得南京市和溧水县优秀党员和先进个人等光荣称号，奖状和荣誉证书摞起来有半人高。成绩与荣誉，渗透着他的智慧、汗水和心血，也是一个普通的基层工作者朴实而崇高的心灵的体现。

勤奋进取　埋头苦干

1968 年，曹德华出生在溧水县城北一个叫田冲的小乡村，父母都是地地道道的农民。曹德华兄弟五人，家庭负担很重，但父母深知只有通过读书，孩子们才能够走出农村，才能改变自己的命运。在曹德华小时候，父母常跟兄弟几个说，砸锅卖铁也要供他们上学。平时，除了在家务农、饲养畜禽，父亲还利用农闲时到县里的前进窑厂打工挣钱，补贴家用。父母的期盼和辛苦激励着孩子们从小就刻苦学习。可是，贫寒的家境实在无法满足他们每个人都去读大学的愿望。为了能够早点工作挣钱养家，懂事的曹德华在老师的建议下选择了就读江苏省溧水中等专业学校（原溧水县职业中学）财会专业。在学校里，他如饥似渴地学习，成绩一直名列前茅。1987年，他以优异的成绩提前被群力公社（后来叫"群力乡"）机电站录用为会计。从此，他开始了忙碌而充实的会计生涯。

初次踏上工作岗位，曹德华知道光靠学校学的那点理论知识是远远不够的。他虚心向单位的老会计请教，从总账、明细账、往来账到固定资产账，都弄得明明白白，并做好各项账务基础工作和会计档案的搜集、整理、装订保管工作。工作之余，他还不断加强会计法规、会计业务和账务操作技术的学习，努力提高业务水平。聪明好学的他很快便熟练掌握了财会业务实操技能，成为单位财务工作的骨干。

作为一名财务人员，曹德华几乎每天重复着同样的工作，就是审核各项费用支出，填写会计记账凭证、编制会计报表等各种繁杂琐碎的会计基础工作。但做好这份"普通"的工作却也有秘诀，曹德华在工作中谨记"细"与"勤"两个字。会计的工作大到几百甚至上千万的资金运用，小到哪怕是一个螺丝刀、一块香皂等小物件的报销，都要做到账物相符、账证相符、账账相符。工作烦琐，令人头痛，但曹德华从未产生过厌烦情绪，每天都早早地到单位，无论单位需要核对的单据有多少，他总是不厌其烦地一笔一笔地仔细审核，认真做账，绝不允许自己有一丝一毫的马虎。

曹德华记得在一个滴水成冰的冬天，单位即将进行年终财务审计，他却发现有一笔账始终对不上号。同事们都早已下班了，窗外寒风潇潇，雪花飞舞，室内没有空调，也没有取暖器。曹德华顾不上饥肠辘辘，翻开那一摞摞的账本，打开那一张张报销的单据，逐笔核对，遇到问题打电话向经办人求证，一直核查到凌晨一点多，终于将这笔账查清楚了。原来是单位的一个经办人没有及时将应报销单据送来，时间久了，单据搁在家里忘了，最终造成了这个问题。夜深回不了家的曹德华揉揉酸涩的双眼，迈开冻得已经麻木了双腿，推开门，看着门外的茫茫白雪……他叹口气，喝几口热水，吃两片不知放在办公桌抽屉里多久了的饼干，用件棉大衣盖着，在办公桌上睡了半宿。这样的工作经历，在曹德华三十年的会计生涯中不胜枚举，用他的话来说这已经算是"小菜一碟"了。

勇挑重担　无私奉献

2000 年，东屏和群力两个乡的机电站改制。为响应国家精简机构的号召，单位实行竞争上岗，东屏和群力的财务岗位只能留一个人。经过考核，曹德华凭借娴熟的业务能力被留下，进入了东屏水务站工作。此时，他除了做财务管理，还要主管水库移民、安置工作，工作量翻倍增加，但曹德华一句怨言也没有。有压力才有动力，他仍然兢兢业业地坚持做好本职工作，赢得了领导和同事们的交口称赞。

农村生活用水和饮用水卫生，直接影响村民的身体健康和生活质量。根据全市统一部署，曹德华负责溧水区金湖村饮水"户户通"自来水工程。为了完成工作，曹德华骑着单车，一家一户地上门沟通联系，跟着安装队挨家挨户安装水管。经过不懈努力，"户户通"工程顺利圆满地完成了。

2004 年，沿江高速土地征用、拆迁安置等工作，比"户户通"工程还要复杂，涉及土地征用、居民安置、资金补偿、矛盾协调等问题。由于涉及范围太广，加之年代久远，许多人已经去世或者已经搬迁到别的地方去了，而以前保存的资料，缺乏电子档案，存在很多错误和资料不全的现象，需要仔细校对，一一核实。曹德华亲自上门走访，核实居住面积，了解搬迁意向，按照规定发放补偿资金，处理相应的矛盾纠纷。为了这项工作，曹德华的鞋底不知磨穿了几双。有人认为自己生活在水库（即现在的东屏湖）边很好，不想搬迁，曹德华就不厌其烦地一次次上门做思想工作，宣传国家的水利政策，说明水土保护的重要意义，动之以情，晓之以理。许多居民都被曹德华的耐心和诚心感动，最终同意搬迁。看着他们高高兴兴地签字，曹德华也感受到成功的喜悦。

踏实工作 常怀感恩

2014 年以来，江苏省人民政府发布文件，要求全省所有的市、县、区、乡镇、街道都要全面行动，地方政府的一把手亲自挂帅，认真开展河道疏浚和环境治理工作。水利事业，功在当代，利在千秋。每个河道都由地方政府的一把手亲自担任河长，实行河长责任制，全面展开河道治理工作。金山银山不如绿水青山。东屏镇除了有东屏湖这个南京市第二大人工湖，还有漫长的连接秦淮河的二干河支流，此河流仅在东屏镇境内就有约十八公里长。每次去现场做水文监测和工程质量检查，往返奔波一趟，要花费很长时间。特别是盛夏时节，烈日炎炎，炙烤着大地似乎都能冒出火来，走在漫长的河堤上，脚心发烫不说，阵阵热浪袭来，让人头晕目眩。一圈跑下来，人几乎都有一种虚脱了的感觉。可是为了完成工作任务，为了让东屏的大地水清天蓝，为了让东屏镇的水利工程做好做实，曹德华和站里的同事一起，顶着烈日，冒着酷暑，一段一段河道检查、测量、登记。累的人都瘦了一圈，皮肤也晒得黝黑，可是曹德华从来没有一句怨言，反而默默地告诫自己："我是一名共产党员，从我在党旗下宣誓的那一刻起，我就下定决心为共产主义事业奋斗终生。我要严格要求自己，不辜负领导的期望和乡亲们的信任。努力工作，才是对社会最好的报答。"曹德华是这样说的，也是这样做的。正是有了曹德华这样勇于奉献、踏实工作的普通共产党员，有东屏水务站这样一个团结奋进的集体，有为人民服务、不怕艰难困苦的奉献精神，东屏镇的水务工作落到实处，做到真处，和全区的其他乡镇相比，以速度快、效率高、治理成绩突出而受到前来参观的上级领导的一致表扬。曹德华个人也受到上级领导的肯定与表彰。为了二干河的整治，为了自己所热爱的水利事业，曹德华已经记不清自己有多少个日夜是在河道治理工地上度过的，自己的鲜血喂饱了多少旷野中的蚊子。

金山银山不如绿水青山。建设大美江苏，不仅要发展经济，更要注重环境治理。"强富美高"新江苏的前提条件之一就是山美、水美、环境美。秦淮河作为江苏省内的一条标志性河流，支流多，河道窄，抗洪能力差。如何治理好这条河流，党和政府经过多方调研，斥巨资，动用大量的人力物力，展开了对秦淮河水系的治理工作。

溧水作为秦淮河的源头，治理任务特别重。东屏水利站负责秦淮河水系的二干河水道治理工作，全程公里数长，而且疏浚难度大，曹德华作为一名负有管理责任的水利站工作人员，深知河道治理的重要性。它既有利于增加抗洪泄洪能力，保护两岸人民群众的生命和财产安全，也有利于提升河道沿线的景观美化质量，让老百姓从真正意义上感受到美化环境、造福于民的政府工作业绩。

二干河河道整治工程需要整治的堤防总长达 21.08 千米，需修建桥梁 8 座，需拓宽整改撇洪沟十几千米长，工程量巨大、任务繁重。曹德华和他的同事们仔细分析图纸，深入实地考察，精心安排施工计划，全面落实施工进度，一切工作开展得有条不紊，受到上级政府部门的称赞和表彰。这是他们应得的荣誉，也是对他们工作成绩的肯定。其实，工作这么多年来，曹德华获得的表彰多得已经连他自己都记不清了。2016 年度东屏镇先进个人、2007—2008 年度南京市水利系统先进个人、2014 年度溧水区水务局先进个人、2008—2010 年度优秀共产党员、2016 年溧水区人民政府抗洪英雄等荣誉称号，是对曹德华踏实工作的认可，是他人生道路上永久的光辉。对于成绩，曹德华看得很淡。在他的心里，只有努力工作，全心全意为人民服务才是一个共产党员应该永远追求的理想。

每一份成绩背后都是刻骨铭心的艰辛，每一个荣耀的光环中都凝聚着滴滴汗水。为了工作，曹德华不能经常回家探望父母，以尽为人之子的孝道；作为丈夫，他也不能够有过多的时间帮助妻子做做家务，陪伴妻子，买几件妻子喜爱的衣服；作为父亲，他很少有时间送女儿到学校读书，给女儿辅导功课，或是陪女儿外出游玩，购买她心爱的礼物……对于所有这些，家人都选择了理解和支持。

已到知天命之年的曹德华，依然乐观开朗。工作这些年，他最感恩自己的父母给予了他生命，将他们兄弟五人抚养长大，教育成才；他也深深感谢自己的妻子默默地为了这个家辛苦操劳，解决了他多少后顾之忧，让他有更多的精力和时间投入到工作中去。对于曾经就读的母校江苏省溧水中等专业学校，曹德华深深地感慨道："是母校的老师们，用他们的辛勤教育了我们。我永远也忘不了在母校读书的岁月，永远感恩母校，愿母校的未来更加美好，愿所有的老师永远健康幸福。自己唯有更加努力地工作，才是对母校对社会的最好报答！"

人生感悟：

年轻时，人们都想要"一鸣惊人"，急于证明自己。但其实，二十几岁的年轻人恰恰需要定下心来，本本分分、踏踏实实地去做事情。年轻人不要怕失败，只要能学到东西，并且让自己一直处于成长的状态，你想要的都会不请自来。

107

跋涉在希望的田野上

——记江苏省溧水中等专业学校
1996 届优秀毕业生葛小军

文/陈春生

　　葛小军，江苏省溧水中等专业学校 1996 届会计专业中专班毕业生，现任溧水区洪蓝镇天生桥社区村委会主任。1996 年，他从江苏省溧水中等专业学校（原溧水县职业中学）财经中专班毕业后，先后从事过小学教师、大队会计、民兵营长、治保主任等工作。2013 年 12 月，经天生桥社区村民委员会选举，他正式担任村委会主任，同时兼任天生桥社区党总支委员、社区党总支第一支部书记。

　　担任村委会主任的四年来，葛小军克己奉公、兢兢业业地做好本职工作。在上级关怀指导下，在党员和群众的支持配合下，他和村"两委"班子成员带领全村人走出了一条共同致富的民生路。他常说："一个社区主任虽然算不上什么'官'，但我总是给自己一种压力，这压力就是乡亲们对我的信任。说得直白一些，就是我所说的每一句话、所做的每一件事都要对得起村民们投给我的那张选票。"

2016 年 2 月，他因在建设"强富美高"新洪蓝工作中成绩突出，被洪蓝镇党委和政府评为"先进个人"。

求学生涯，难忘那些点滴

葛小军父母都是教师，而且都是共产党员，家风严谨。父母对葛小军的要求非常严格，常常教导他："为人善良，做事真诚；孝敬父母、尊重他人；勤俭节约、乐于助人。"这段朴实的家训，一直记在葛小军心中。

葛小军的父亲还是军人出身，在部队里做过文书，练的一手好书法。葛小军在父亲的感染下，从小就喜欢练字。父亲对他说，学书法要持之以恒，需要每天练习，只有达到一定的量，才会有质的提升。在父亲的督促下，葛小军从基本笔画开始练起，每天坚持不懈地学练书法，渐渐地找到了练习书法的窍门，书法水平取得长足进步。初中时，他参加了溧水县青少年书法比赛，获得了一等奖。除了练习书法，父亲还让他养成每天思想总结的习惯，每天用几分钟的时间想想自己这一天哪些方面进步了，还有哪些需要改进的地方，明天计划做什么事。这让葛小军从小做事就有条有理、秩序井然。

1993 年初中毕业后，葛小军进入溧水职业中学财经中专班学习。回顾在溧水职业中学的学习时光，他坦言有三位老师让他难以忘怀：

第一位是班主任兼语文教师曹明华。曹老师是一位很有亲和力但又十分严格的老师。葛小军读书时喜欢文学、写作，曹老师对他的写作热情积极鼓励，经常把他叫到办公室给他面批作文，给他逐字逐句地讲解点评，从确定主题到布局谋篇，再到遣词造句，细致入微而又深中肯綮。在曹老师手把手地悉心指导下，葛小军更加热爱文学，写作水平也有了突飞猛进地提升，这为他以后参加工作奠定了扎实基础。

第二位是珠算老师曾宪生。珠算是财会专业必修的专业基础课。在那个没有电脑、以手工记账为主的年代，算盘熟练与否、算账是否准确，是衡量一名会计是否合格的主要评判标准。对于擅长文学、喜欢舞文弄墨的葛小军来说，珠算是专业课中比较难的一门。整天面对枯燥无聊的数字，背口诀、练手法，开始时，他经常手忙脚乱，错误不断，常常被曾老师批评。曾老师经常鼓励葛小军说，要想算盘打得好，必须苦练基本功。葛小军想起爸爸教他练习书法的话，只有量的积累，才能有质的飞跃。于是，只要有时间，他就苦苦地练习基本功，从加减法的打百子、三盘成、九盘清、百子图，到乘除法的狮子滚绣球、凤凰展翅等，每一项都练上上百遍。葛小军的同桌叫李洪伟，他俩暗暗较劲，一有时间两人便"划拉"一下摆下算盘，来一场"说来就来"的珠算比赛。经过努力，最终葛小军成为班级中屈指可数的通过了珠算普通一级考试（普通级中最高，普通六级为最低，一般会计从业资格证考试要求珠算达到普通五级即可）的人员。参加工作后，葛小军又参加了江苏省会计定级统一考试，他凭着扎实的基本功通过了珠算、基础会计和政治经济法规三门功课的考核，获得了会计证。

第三位是美术老师吴贵生。因为葛小军有很强的书法基本功，吴贵生特别喜欢他，总是鼓励他参加各种层次的书法比赛。在每次职业中学举办的软笔和硬笔书法比赛中，葛小军都包揽一等奖。吴贵生老师还让他负责班级黑板报的设计和书写，给了他锻炼才能和施展才华的舞台。

探索人生，铭记那些印迹

1996 年，从溧水职业中学毕业后，葛小军通过教师招聘考试成为一名小学语文教师，先后在何林坊小学、青圩小学任教。

作为一名老师，葛小军始终铭记"学高为师，身正为范"的师训，始终坚持以人为本，认认真真干好每一天的工作，上好每一节课，改好每一本作业，对学生"晓之以理、动之以情、以理树人、用心育人"，关心爱护每一个学生。在工作生活中，他不仅注重自己的行为举止，努力使自己的一言一行都能够为人师表。

2001 年，洪蓝镇小茅山大队缺少一名会计。因为葛小军是财会专业毕业的，有着较强的业务能力，所以当时一名大队老会计积极向组织推荐他。经过严格的审查考核，葛小军告别了他的教师岗位，成了一名大队会计。

五年的教师职业生涯并没有让葛小军忘记在职中学习到的会计专业技能。上岗伊始，他仅花了几天的时间，就把大队"一堆乱麻"一样的账务整理得清清楚楚、井井有条。

葛小军说，五年的教师职业生涯是自己一笔终身受益的财富，让他一生都获益匪浅。他常说，一个当过教师的人，做其他事业也一定可以做得很优秀，因为他已经具备了良好的涵养和素质。同时，小学教师的经历养成了他以身作则、洁身自好的习惯；班主任工作，增强了他的组织和管理能力，让他在后来参加社区管理工作时能够得心应手、游刃有余；批改学生作文的过程，也是他学习和研究写作的过程，为他后来的社区工作打下扎实的文字基础。

2002 年 5 月，原小茅山大队和天生桥大队合并为天生桥社区后，葛小军担任了建房员、民兵营长和综合治理政法副主任。其间，葛小军在社区综合治理方面的工作卓有成效。在工作中，他吸取了以前当老师积累的经验，重视引导教化，动之以情，晓之以理，喻之以义。

天生桥社区有一个服刑释放的安置帮教人员，此人因盗窃被判刑。刑满释放后，他抱着"破罐子破摔"的思想，整天无所事事、寻衅滋事。得知这一情况后，葛小军敏感地觉得，如果不重视对这个人的引导教育，他很有可能会重蹈覆辙，成为社区的安全隐患。于是，葛小军多次找他谈心，苦口婆心地劝他向善，深入细致地做他的思想教育工作，并让他有困难找社区。有一天，他真的找到了葛小军，说自己想要建造两间房子，可是却没有宅基地，能不能帮忙想想办法。在乡村，要想搞到一块宅基地确实是非常困难的一件事。为了能让他安居下来开始新的生活，葛小军积极与社区主任和总支书记进行沟通，费了很多周折，终于帮他找了一块宅基地，让他如愿以偿有了自己的房子。这件事深深地感动了这名帮教人员，他也从此洗心革面，重新做人。同时，为了让他有一份稳定的工作，葛小军亲自把他带到一个企业的老板那里，以自己的名义作担保，让这个企业的老板雇用他。而后这位帮教对象以自己的努力用事实证明了他不是社区的隐患，而是一个对社会有益的人。

类似这样的事例还有很多。因为工作卓有成效，葛小军取得了令人信服的成绩。2009—2010 年，连续两年，中共溧水县委、溧水县人民政府授予他"平安溧水建设工作先进个人"称号；2012 年 2 月，又被中共溧水县委、县人民政府授予"法治溧水建设先进个人"的称号。上级组织多次到天生桥召开现场会，推广他的做法和经验。

2013 年 11 月底，天生桥社区村民委员会换届选举，经过层层推荐，葛小军以高票当选为社区村委会主任。

脚踏实地，不负村民期望

担任村委会主任之后，葛小军感到身上的担子更重了。俗话说，艄公不努力误了一船人。他认为，既然老百姓把自己推到这个位置上，那么就意味着他的身上寄托着全社区村民们的期望，自己就有责任让老百姓过上好日子。他暗自下决心，一定要踏踏实实地工作，做好自己的工作，绝不辜负社区村民的期望。

作为社区主任，葛小军每天都有大量的事情要处理。他负责财务审批、分管治保、调解、综合治理创建、建房、村庄卫生整治、农业水利及农业项目开发，以及督促审核村民小组资金使用情况等工作。这些都是村民最关心、最迫切、最直接的民生问题。工作中，葛小军做事干净利落，能当场解决的问题决不拖延。虽然工作繁多，但葛小军心中有一杆秤，他始终把群众的利益摆在第一位，把天生桥社区打造成"强富美高"的新社区作为工作重点和最终追求。为了实现这个目标，在社区其他领导的共同努力下，天生桥社区近年来积极引进重大的农业项目，村容村貌和村集体经济有了翻天覆地的变化——通过土地租赁，建造了面积 2500 平方米的竹木厂房，盘活了集体的资产，增加了集体收入；通过引进草莓、蔬菜种植专业户，为城区市民、游客提供休闲、采摘场地，帮助社区村民增收；葛小军还通过带领社区村民在环境整治上下苦功，整理垃圾死角，填埋垃圾塘沟，兴建高质量的厕所和篮球场，美化了社区环境。在他带领下，社区面貌焕然一新，群众的幸福指数不断提升。

葛小军还及时给那些家庭生活困难的村民送去温暖。有一个村民到了中年才结婚，结婚后生了一对龙凤胎，但后来中年丧妻、老年失子，唯一的女儿也与他产生矛盾，不经常回来看望他，只剩下老人孤身一人生活。葛小军得知这一情况后，多次登门看望老人，给他送去一些粮油之类的慰问品，还派人帮他打扫卫生。葛小军还特地给老人办了低保，解决了老人的生活困难；又找到他的女儿，进行说服动员工作，让她经常回家看看。现在老人身体好多了，心情也很好，安享晚年。

社区有一个小孩不到10岁。他的父亲30多岁就生病去世了，母亲又改嫁了，他跟着爷爷奶奶生活。爷爷奶奶身体不好，葛小军通过各种渠道筹集钱款，对他们给予慰问，并给他们办了低保，在孩子过生日的时候，还送去了蛋糕，送去了社区的温暖。

有一些村民因为家庭人口较多，经济困难，为了帮助他们自主创业，创收增效，葛小军通过社区筹集资金，给他们提供一些创业金，鼓励他们搞种植业，并让有经验的人指导他们，结对帮扶，最终使他们脱贫致富。

像这样点点滴滴的小事，葛小军每天都乐此不疲地去做。他说："村民无小事，每一件事都关乎社区的温暖。"葛小军就是这样一位跋涉在希望的田野上的乡村干部，他用自己的心血和汗水，播种着希望，让村民收获幸福。

人生感悟：

踏踏实实做人，实实在在做事。任何一个双手插在口袋里的人，都爬不上成功的阶梯。从实际出发，做好自己，做好当下，给人留下一个实在的形象，给自己的成功增添一份夯实的基础。

艰难困苦　玉汝于成

——记江苏省溧水中等专业学校
1993 届优秀毕业生杨玉林

文／王璐

　　与杨玉林相约在董时书店见面，对他的第一印象是圆圆的脸，笑眯眯的，谈吐随和，举止从容，待人亲切。细聊之后才发现，这位担任福州立华泰贸易有限公司老总的和蔼"大叔"，背后也有着一段不平凡的创业经历。

谆谆诱导，问题少年重拾人生自信

　　1990 年的夏天，刚收到江苏省溧水中等专业学校（原溧水县职业中学）录取通知书的杨玉林着实有些沮丧。因为初中阶段的他成绩优异，中考发挥也堪称出色，考分仅比县中的录取分数低 1 分，而且只要提交一份证明，他是完全可以被县中录取。偏偏这时杨玉林的外公被查出得了胃癌，全家忙着看护老人，阴差阳错间竟错过了送交证明材料的时间。杨玉林因此错过了心仪的学校，只得前往第二志愿的江苏省溧水中等专业学校（原溧水县职业中学）报到，就读于1990级机械中专班。

"虽然有些遗憾，但是我并不后悔。"谈起当年的离奇经历，杨玉林说，"溧水县职业中学让我走上了一条完全不同的路，也造就了如今的我。回忆起职中的生活，我心中只有无限的怀念与深深的感激。"

因为文化基础良好，杨玉林在学习方面可以说游刃有余，无甚压力；可是，在思想行为等其他方面，杨玉林却问题不断。他坦言，多亏了班主任吴兆平老师的关心与教导，年少的他才没有误入歧途，才能够在之后的日子里始终正直刚毅、勇往直前。

"我那时候年纪小，不太懂得分辨好坏是非，结交了一些品行比较有问题的朋友。"杨玉林回忆道，"有一次，我们五六个同学在校门口跟别班的同学起了冲突，火气上头，眼看就要动手打起群架来，幸好吴老师及时赶到，喝止了我们。事后，吴老师又把我带到办公室谈心，教导我交朋友要谨慎，做事不能冲动。现在想来，当时如果不是吴老师及时把我拉住，我指不定要闯出多大的祸来。"

入学后，杨玉林便被任命为班长。一段时间之后，他觉得自己并没有给班级带来积极向上的正能量，这个班长做得不称职，于是向吴老师请辞。吴老师问明原因后，并没有立即表态，而是在班级里做了一次民意调查。他让每个同学匿名投票，写下自己心中的班长人选。等到唱票结果公布，杨玉林惊奇地发现几乎全班同学都在选票上填上了他的名字。感动之余，他也重拾了信心，再度挑起了班长的担子。"吴老师运用巧妙的手段，让我学会了审视自我和相信自我，真的非常感谢他！"

业绩过人，青年业务员辗转各地多线"救火"

当年的溧水县职业中学机械中专班实行定向招生、定向分配。1993 年从职中毕业后，杨玉林顺利进入了南京飞燕活塞环厂。

走上了工作岗位，人生的发展便全靠个人的努力了。杨玉林虽然是个职场新人，但由于工作勤奋踏实，不久就得到了领导的认可，入职当年便当上了车间班长。1995 年，企业下辖的销售公司公开招聘 8 名销售员，报名者多达 80 余人。在经过论文撰写、面试、3 分钟即兴演讲等层层筛选后，杨玉林以总分第三的好成绩成功入选。从此，杨玉林离开了车间，做起了销售工作。

凭着超强的韧性、过硬的素质、非凡的才智和开朗讨喜的性格，杨玉林很快在销售岗位上取得了骄人的业绩。1995—1997年，南京飞燕活塞环厂在浙江地区的市场销量明显下滑，鉴于杨玉林突出的个人业绩，公司决定调派他前往浙江，支援当地开展销售工作。杨玉林不负众望，在他的带动下，公司在浙江地区的销售额连续两年超额完成指标。1998—2000 年，公司在江西地区难以打开市场，杨玉林再次临危受命，驰赴江西。在江西期间，他不仅年年超额完成销售指标，而且连续三年个人销售业绩名列公司前三。

眼界初开，初试创业换得负债累累

2001—2007 年，杨玉林被调至福建工作，这段时间可以说是杨玉林职业生涯中的转折期。这 7 年里，他经历过成功，也经历过惨败；收获的不只是经验和教训，还有那重燃的决心和无畏的勇气。

"想尽千方百计，说尽千言万语，吃尽千辛万苦，跋涉千山万水，不怕千难万险。"这是销售行业里的人人奉为圣经的"五千五万"。来到福建后，杨玉林继续践行着这样的信条，销售业绩屡创新高。以2003年为例，杨玉林全年完成业务量450万元，是公司制定的销售任务指标220万元的204%；在他的带动下，当年公司在福建地区的业务量也翻了两番有余，公司上下对此赞叹不已。

看着自己的销售业绩蒸蒸日上，2004年，杨玉林的内心也活泛了起来，他开始思考"是否要一直保持现状""是否可以再做点其他的事"之类的问题。由于长期在福建跑业务，他跟当地的很多厂家关系都不错。机缘巧合之下，福州一家动力机厂的厂长建议杨玉林试着生产与动力机配套的凸轮轴产品，并承诺只要能生产出合格的凸轮轴，他愿意每年至少购买30万套，并会为杨玉林介绍一批固定的客户。年轻的杨玉林思来想去，觉得这是门只赚不赔的生意，于是决定放手一搏。受限于工作单位编制的制约和有限的资金，杨玉林选择与一位自由经商的兄弟合伙，两人各投资40万元，并以这位兄弟之名注册了公司，办起了凸轮轴生产厂。

冲动是年轻人的通病，它往往与失误共生共存。工厂投产后，杨玉林才发现，一切并不像他们当初想得那么简单。由于缺乏经验，对机械精加工不熟悉，再加上之后的二次投资不够谨慎，杨玉林的这条创业之路可以说走得凶险无比。经过几年艰难的经营，杨玉林的工厂再也无力维持，宣告破产。杨玉林本人不仅赔光了全部身家，还欠下30多万元的外债。

　　但压力也是动力，这次失败的经历让杨玉林看到了世界的广阔和未来的可能性，他下定决心离开供职 15 年之久的南京飞燕活塞环厂，准备独自去这偌大的社会闯一闯。2007 年合同期满后，杨玉林不再跟原厂签约，他跳槽到了福州某汽配公司，负责打理该公司的一切日常事务。

不气不馁，再度上阵稳扎稳打终获成功

　　2007 年入职之初，汽配公司的老板拍着胸脯承诺要给杨玉林高福利，并给他开出了 8 万元的年薪——这可比南京飞燕活塞环厂的年薪高出了 5 万元。可是一年过去了，老板承诺的大部分条件都没有兑现，而杨玉林也深感在这家公司干起活来束手束脚，无法施展自己真正的才能。2008 年 10 月，杨玉林递交了辞职报告，离开了这家汽配公司。

　　这一次，杨玉林做了个颇为激进的选择——自主创业。他利用自己长期积累的专业知识、销售经验和人脉，多方筹措资金，于 2008 年创立了福州立华泰贸易有限公司。鉴于先前的失败教训，杨玉林决定首先从自己熟悉的领域打开局面。新公司面向福建、浙江和江苏等地市场，主营工业用、汽车用润滑油等产品，并采取稳中求胜的战略，稳扎稳打、步步为营。经过多年发展，福州立华泰贸易有限公司不仅在福州站稳了脚跟，而且规模日渐壮大，影响力也与日俱增。截至 2016 年，公司的年销售额已经突破了 500 万元。

真诚为本，"要做生意先做人"

杨玉林说："销售行业艰难辛苦，遇到困难是常态，关键就在于你能不能坚持。2003 年，刚到福州时，当地的一家柴油机公司并不待见我们。为了打开市场，我几乎天天往这家公司跑，并以最真诚的态度与公司领导和负责人谈合作、谈发展，帮他们出谋划策、排忧解难。精诚所至，金石为开，日子久了，这家公司的负责人感动于我的诚意，最终与我们确定了长期而紧密的合作关系。"

当被问起职业生涯中印象特别深刻的事时，杨玉林沉思良久道："我刚进入销售行业时，有一次去一家汽配公司跑业务，他们公司墙上的一句标语——'要做生意先做人'，给了我极大的启发，改变了我后来的工作和生活。这句话特别朴实，道理也很简单，但是能做到却非常不容易。看到这句话以后，我开始改变思路，不再一味地推销，而是由内而外地提高自己的素养，改变自己的形象，规范自己的言行，并以积极诚恳的态度与客户沟通，得到客户的认可之后，再与对方谈生意、谈合作，就显得顺理成章了。自从改变了工作思路和工作方法，我的业绩直线上升，各种机遇也随之而来。"

2016 年 6 月，杨玉林回到溧水，在经营福州立华泰贸易有限公司分公司的同时，他又相继创办了"途盛""索爱"等两个自主品牌，继续面向福建、浙江、江苏三省经销润滑油。此外，他还代理了奔腾系列润滑油的业务，专门针对家乡溧水的客户提供服务。

当被问起为何选择在事业如日中天时离开福州返回溧水发展时，杨玉林有些不好意思地笑了："女儿刚考上高中，成绩还不错，现在正是该全力拼搏的时候。这些年我在外奔波，家事都是我的爱人在操持，平时都是她一个人陪伴着女儿，非常辛苦。作为一位父亲、一位丈夫，面对妻女，我的心里一直很过意不去。2016 年，福州的公司完全走上正轨了，为了妻子和孩子，为了我们的家，我想我也是时候回来了！"

如今，杨玉林常住在家乡溧水，只有在需要拜访老客户的时候，他才会前往福州。而得益于多年来建立和积累的规章制度、经营策略、人才储备和品牌优势，即便主帅离开了指挥一线，仅通过电话与员工保持着沟通，福州立华泰贸易有限公司也始终保持着有条不紊的运营态势，和谐稳步地发展着。

"适时放手，这样既解脱了自我，又锻炼了公司员工。"杨玉林说，"如今的我有了更多的时间陪伴家人，感觉生活安稳又充实。"

踏实、坚持，成功的关键在于学习和磨炼

每个人都不会无缘无故的成功，笔者因此问起了杨玉林的成功秘诀。他笑笑说，哪来的秘诀，无非是脚踏实地和坚持不懈罢了。

当被问起对于在校的学弟学妹们有什么人生建议时，杨玉林谦虚地表示："人生建议谈不上，我还是那句话，踏实和坚持最重要。一来，趁着年轻，一定要在学校多学习知识，这些知识可以说是每个人今后人生的基础。二来，走上社会后，你会发现这

个社会会教给你很多，好的坏的你都要认真接受，加以分辨，然后吸取经验教训，稳步前进。三来，一定要肯吃苦，不能怕吃苦，吃苦可以教会你很多你曾经无法理解的东西。"

工作中的杨玉林严谨细致，生活中他却过得简单、随意，生活态度也是从容不迫。

杨玉林很喜欢运动，这个爱好在上学时就扎根了。当年，因为体育成绩突出，他还曾多次代表学校参加县运动会。如今人到中年，杨玉林对运动的热情依旧不减，他坚持每天跑步，只要约到伙伴就去打羽毛球、乒乓球。他说，锻炼可以磨炼人的意志，强大的意志力是难能可贵的。

正所谓，"艰难困苦，玉汝于成"，经历过风风雨雨，杨玉林的事业已步入正轨。从一个清清纯纯的职中学生，到一个普普通通的工厂销售员，再到一个销售额数百万元的企业老总，杨玉林一路走来，走得辛苦，也走得踏实。优秀的人习惯优秀，杨玉林前行的脚步从未停歇，从前如此，今后也会如此。

人生感悟：

"想尽千方百计，说尽千言万语，吃尽千辛万苦，跋涉千山万水，不怕千难万险。"这"五千五万"的行业行为准则，销售人员应当人人遵守、人人践行。

用心书写精彩人生

——记江苏省溧水中等专业学校
1998 届优秀毕业生曹振国

文/张健

他很低调。

虽然他已经在业内有了很大的名气，但他从不炫耀张扬。我前前后后给他打了几十个电话，发了很多条信息，他都不愿意接受我的采访，他始终认为自己还不够接受采访的条件。

他很谦虚。

他年纪轻轻，就已经是国内最大规模塑料挤出机械生产企业——苏州金纬机械制造有限公司的骨干，却依然习惯平淡，不愿意因采访影响到自己平静的生活。我再三告诉他，我只是受南京市溧水区作家协会的委托，为溧水区中等专业学校在各行各业做出了一定成绩的优秀毕业生写一篇宣传文章。这也是溧水区中等专业学校所有师生的殷切希望。他们以优秀毕业生为荣，以他们为榜样。特别是广大在校学生，学习先进典型，以之为促进，努力学习文化知识和专业技术，将来更好地为社会发展，国家富强多做贡献！听说如此，他才勉强答应，希望自己的成长经历能或多或少地为学弟学妹们带来一丝启发。他一直表示，其实，溧水区中等专业学校里有很多比他优秀的学长、学友，他实在是微不足道。

他很敬业。

作为一名年轻的售后服务人员，他认真对待自己经手的每一件事情，从不敷衍了事。他负责公司的售后服务工作，表面上看起来是一个轻松的活。在企业里做过售后的人都知道，售后服务要求工作人员对本公司所生产的每一件产品的技术参数都要耳熟能详。他平时经常深入车间，一待就是几个小时，熟悉产品的生产工艺及装配流程，使自己在与客户的沟通交流中，有充足的知识储备。对于客户的问题，他总是能从容不迫地对答如流。

他叫曹振国，就职于苏州金纬机械制造有限公司，是江苏省溧水中等专业学校（原南京市溧水区职业中学）1998 届工民建专业毕业生。生活中的曹振国是一个非常勤奋的人，他每天的工作安排都非常细致有条理，努力秉持今日事今日毕的原则。对于当天能够处理解决的问题，宁愿熬夜加班也要把问题解决。

投身名企，铭记教诲立志出人头地

父母是孩子人生的第一任老师，曹振国做事认真的习惯源于他的父母。在他很小的时候，父母就教育他读书要认真，做事要认真。这"认真"二字一直是他做人做事的座右铭。从溧水区中等专业学校毕业后，他毅然选择了苏州金纬机械制造有限公司。满怀青春豪情的他，决定在金纬这个大公司里学习、工作，实现自己的人生价值。

苏州金纬机械制造有限公司隶属于金纬集团。金纬集团是一家集研发与生产于一体的塑料挤出设备龙头企业，目前在全国各地拥有全资及合资企业22家。这些公司均有各自的特色产品，垂直或交叉形成上下游配套的产业链优势。公司董事长为全国著名企业家何海潮先生。该公司拥有领先国际水平的智能管道生产设备、双蜗杆造粒设备等高效率、低能耗、网络智能程度高的塑料挤出设备。该集团的同向平行双螺杆挤出机，已经有非常良好的改进。螺杆转速、螺杆的内外径比以及扭矩等级，是衡量挤出机技术水平的三个重要因素。金纬集团的科研人员在反复实践中，通过技术创新，设计高精尖的配置，使产品的能效大大提高。在2017年广州市举办的雅氏橡塑展上，金纬集团的产品深受广大客户的青睐。PE160小口径高速波纹管、PP化工管、UPVC供排水及CPVC电力管材、燃气管材生产线，产效高、自动化程度高，挤出稳定性好，在国际上都享有崇高的声誉。

曹振国作为这个团队中的一员，在为自己集团的产品畅销海内外感到高兴的同时，也深感肩头担子的沉重，深知只有努力掌握各类生产技术方面的信息，才能更好地为公司服务，为客户服务。

曹振国的父母都是普普通通的农民，做人低调、踏实。他们在从事农业生产的同时，也在工厂里打工，做事认真、勤快，任劳任怨，正是这种良好的家风熏陶，培养出曹振国良好的为人处世的品德。他常常感恩母校溧水区中等专业学校，是老师们的辛勤教诲才使他有了今天的成绩。母校永远是他心中难舍的牵挂。他一定要努力工作，回报社会，这也就是对母校最大的报答。

顾客至上，全心全意提供优质服务

曹振国是这样说的，也是这样做的。他从事的售后服务管理工作，不仅要经常天南海北地出差，长期奔波在旅途中，而且即使是在单位，也要做很多的事。最多的时候，一天要接上百个电话，这就不仅要求他有熟悉的业务处理能力，而且更要有沉着稳定的耐心。一次，一位外地客户打电话向曹振国反映产品质量问题，絮絮叨叨地讲了近一个上午。为了帮助客户解决问题，他一直笑言以对，不厌其烦地为客户答疑解惑。他那温馨得体的语言，耐心细致的解答，令客户深受感动。其实，像这样的事在曹振国的日常工作中，屡见不鲜。正是这样认真、辛勤的工作态度，让曹振国赢得了公司领导以及同事、客户的尊敬。他也多次因此受到嘉奖和表彰。

售后服务工作是衡量企业发展能力的重要因素。企业殚精竭虑，辛辛苦苦开发生产产品，目的就是销售给客户，创造出利润。只有系统完善的售后服务，才能解除客户的后顾之忧。曹振国深深明白做好企业售后服务工作的重要性。他认为，最起码要做好以下三点：一、必须熟练掌握相关业务技能，才能在处理事情的时候，从容不迫，游刃有余；二、必须要有良好的服务态度，能够设身处地地为客户着想，想客户之所想，急客户之所急，用真诚的服务态度感动客户，赢得客户。三、要有危机意识和超前意识，能够及时分析判断市场波动，了解市场动向，为企业发展提供有效的参考。

曹振国是农民的后代。他在任何时候都能牢记父母的教诲，做任何一件事情，要么不做，要做就要有始有终地把它做好。三心二意，虎头蛇尾，敷衍了事，是绝不容许的。正是因为父母的谆谆教诲，使曹振国在工作中不忘初心，脚踏实地地做好每一件事，赢得了无数客户的信赖和尊重，也赢得了领导和同事们的信任和赞扬。一次，一个外地的客户，想要了解一下塑料挤出机的一些技术参数。曹振国细心地为他解答之后，两人顺便谈起目前原材料的市场价格波动。曹振国发现客户掌握的市场行情似乎有点不对劲，便根据自己掌握的情况提醒该客户，目前市场上的PP 以及 PC 材料的价格波动较大，极有可能会大幅上涨。客户有些将信将疑，曹振国便根据自己掌握的数据资料，给该客户做了细致的市场波动分析，说明可能涨价的原因。一语惊醒梦中人，这个客户也是一个比较精明的人，经曹振国这么一点拨，恍然大悟。他立即筹集资金提前备货。果不其然，没过几天，相关的各种原材料价格大幅上扬。曹振国让该客户及时规避了风险，并且节省了不少原材料费用。这个客户感激不尽，非要宴请曹振国以表谢意，但是，曹振国婉言拒绝了。其实，像这样的情况还有很多，曹振国总是把为客户服务当作自己的终极使命，认真履行自己的职责。

2016 年初，国家发布了新型 CRCC 认证标准，以保证防水卷材质量。许多新老客户对具体情况不怎么了解，曹振国就详细地为客户提供解答。金纬集团紧随其后推出满足实际生产，符合新型 CRCC 认证标准的新型宽幅高效 PE 防水卷材生产线。新的生产线具有很多优点：采用意大利品牌全自动上料系统，满足高分子批量计量混合配方，调整原料配方简易，批次供料精准到千分之一，大批量供料节约人力，为企业节省了许多开支。

高效节能挤出机：针对防水板生产线，在国内首创超高效单螺杆挤出机，单台高效主机每小时产量可达 1800KG/H。针对 PE、EVA、TPO 等高分子材料，高低速挤出压力稳定在 0.2MPa 内，配置高效节能型电机，能效比达 85%。曹振国不厌其烦地向客户推荐新品，介绍产品质量能效等方面的内容，保证做到让客户满意。

积极生活，心怀感恩笑迎未来挑战

在生活中，曹振国也是一个非常开朗乐观的人。他喜爱看书学习，不断充实自己，也喜欢听听音乐，锻炼身体，时刻使自己心情阳光，保持良好的工作状态。如今，孩子已经 11 岁了，结婚这么多年以来，他经常抽空帮助妻子分担家务，辅导孩子学习。三口之家，充满温馨，其乐融融。

对于将来，曹振国表示，是金纬集团给了他发展的空间，是母校溧水中等专业学校把他培养成才。他感恩母校，感恩金纬，将会持之以恒地努力工作，更好地为金纬集团的发展贡献自己的聪明才智，为金纬集团成为百年永续企业努力奋斗，用心书写精彩人生！

人生感悟：

办事要爽利简明、干练敢为、雷厉风行。看问题要看到点子上，办事情要办到窍门上。

"跨界英雄" ——奋斗路上 "麦草香"

——记江苏省溧水中等专业学校 2001 届优秀毕业生肖鹂

文/王璐

　　麦草香时尚餐饮店坐落于溧水区顾家商业中心。餐饮店的老板娘肖鹂是个性格大方又不失温柔秀气的 80 后姑娘。很少有人知道，她曾是江苏省溧水中等专业学校（原溧水县职业中学）2001 届机电专业毕业生。

　　一个文弱女生，怎么会选择就读男生较感兴趣的机电专业？一名机电专业中专毕业生，怎么会想到去从事餐饮业，是主动选择，还是被逼无奈？一名弱女子，又是靠什么秘诀，用两年时间将全新的"麦草香"打造成溧水知名的餐饮品牌……肖鹂，一个谜一样的女子，有着谜一样的创业经历，等待我们去揭开谜底。

　　初次约见肖鹂，她牵着一只名叫艾达的边境牧羊犬款款而来，大方里透着一股亲切。待坐下细细聊起，才发觉这个温柔的女人也很健谈，干练果断却又完全没有架子。

万绿丛中一点红，机电班来了个大美女

　　肖鹂 1999 年入校，就读于机电班，先后受教于熊方圆和刘晓凤两位班主任。学生时代的肖鹂品学兼优、全面发展，她曾担

任班长、学生会文艺部部长，而且积极参加排球队比赛、广播站播音、黑板报设计等活动，并获得过"优秀学生干部"、学校1999年诗歌朗诵比赛二等奖、2000年朗诵比赛二等奖、实弹射击"十佳射手"、计算机应用技能竞赛数字处理项目三等奖等多种奖项。肖鹏说，在校生涯对她的个人成长、创业过程以及至今的人生都有重大的影响。正是由于学校和老师们的正确引导，自己才能不断攀登高峰，一步步走到今天的高度，并仍乐在其中。

肖鹏的从业经历很丰富，用她自己的话说是"五花八门"，可在别人看来堪称"精彩纷呈"。

2001年，肖鹏中专毕业了。怀揣着诗歌朗诵获奖证书，带着"播音员"气质的她，面临两难选择：是像班里大多数同学一样，按照学校安排找一家企业，与电子、机械打一辈子交道，还是根据自己的特长，另谋出路呢？也许是学校的钳工、电工和机械加工实习给她留下了深刻印象，她觉察到"与机器打交道，不是自己的强项；与人打交道，才是自己的特长"。于是，她毅然放弃了自己的机电专业，选择了从"0"开始——做一名房产销售人员。

房产销售行业考核甚多，新人完不成指标是常态，高强度的工作压力也总让人挫败感连连。2001年，刚刚入职的肖鹏为了做好这份工作，可以说拼尽了全力。高温天气，别人都在吹空调聊天，她却一个人"扫楼""扫街"，派发传单；每每赶上公司路演，她总是主动加班，向潜在客户解说方案、推荐产品，若没有客户驻足，她就满大街地主动"搭讪"。万事开头难，虽然费尽了口舌，但是肖鹏第一个月的销售业绩，还是排名倒数第一。

她说，第一次领到工资时，真有一种想哭的感觉，真想就这样放弃了。但是，学校排球队训练的经历，老师的话激励了自己……"上学时，我正值青春期，年纪尚小，并不懂事，如果没有老师的耐心引导，也就不会有现在的我。那时的我成绩并不优秀，充其量只能算中上，但老师并没有因此就忽视我的发展，反而为我创造了许多学习和成长的机会。语文老师推荐我去参加朗诵比赛，在老师的辅导下，我多次获奖，还因此加入了校广播站。此外，排球队的训练培养了我不怕吃苦的精神，板报组的活动培养了我的美术功底和审美水平，班长的工作也锻炼了我的处事能力和管理能力……虽然这些在今天看来似乎微不足道，但正是学生时代的这些点点滴滴成就了我如今的性格，也影响了我的一生。"肖鹂觉得，当年老师们孜孜不倦的教诲，至今仍扎根她的内心深处，每当接踵而来的问题让她感到焦头烂额时，她总会想起学生时期的自己，想起在老师的指引下青春勇敢、勤奋刻苦、无所畏惧的努力与拼搏。时时怀着这样的初心，她感到所有的问题都可以迎刃而解。

久而久之，招商部的同事感动于这个销售部新人的坚持，便常常主动开车接送她，也会主动给她介绍客户。如今，肖鹂说起这些时仍是一脸骄傲，她感慨当年如此拼命的自己，更感谢那些帮助过自己的同事。

由于她脚踏实地一点一点学习、积累，不断成长、提升，慢慢地，她摸到了房产销售的门道——信任，只有你赢得了别人的信任，才会有人买你的东西。她说，还要感谢她的客户们，"很多客户人脉甚广，一旦信任了你，便会主动把自己的人脉拓展成你的人脉。如果你的专业知识和产品知识储备充足，并且能够从各个角度与客户进行交流，能够以专业的眼光为客户分析利弊，你就更容易得到客户的认可，而他们的认可带来的就是最直接的效益。有一回，一个关系不错的大客户给我介绍了30多个新客户，最后竟然一次性成交了20多笔业务，这在当时是非常惊人的销售业绩……所以，我常怀感恩之心，而这份感恩之心在激励我不断精进、不断自我打磨的同时，也使我收获了更多客户的认可。"从事销售工作期间，肖鹏常常夺得月度销售冠军、季度销售冠军甚至年度销售冠军。

经过了 10 年的积累与打磨，2012 年，肖鹏自立门户，与弟弟在常州共同经营了一家属于自己的房产营销策划公司。

跨界，从房产销售精英到溧水"餐饮巨头"

2010 年，肖鹏在从事房产销售工作的同时，还与弟弟合伙在常州开办了一家餐饮店，开始涉足餐饮行业。

当被问起为什么会选择这样一条创业道路时，肖鹏说："那段时间长住常州，看到常州的朋友们投资餐饮业大获成功，深受启发，也开始跃跃欲试。更重要的是，我自己也是个很喜欢吃的人，当时觉得把兴趣爱好跟工作融合在一起，该是一件多么幸福的事呀！"

"而且，做餐饮和做房产销售有着异曲同工之处，关键都是要用优质的服务赢得客户的信任。当然，餐饮更重视回头客。一般人一辈子只买一套房子，但是吃却是一日三餐都不可少的。房产销售只要房子地段好、房子质量好，现在都争着买，销售量关键就看业务员个人的人脉，但是，做餐饮涉及地址选择、店铺装修、烹调口味、店员服务、人员管理、成本控制等，从创业角度来说，餐饮更难做，更难成功！"

2015 年 10 月，经过一年左右时间筹备，麦草香时尚餐厅正式登陆溧水。餐厅以生态环境为卖点，以"让大众用经济实惠的价格吃到最美味的食物"为宗旨，坚持平民化、工薪阶层化的餐饮路线。由于理念前卫、菜品优质、服务上乘，餐厅一开张便生意火爆，甚至一度引领了溧水餐饮业的潮流。

经过两年多的发展，如今的"麦草香"早已是溧水餐饮界的成熟成功代表之一。

在常州辛苦经营了多年，她兜兜转转，最后却又回到溧水操持起了餐饮业。当被问到为何如此选择时，肖鹂只是温柔地笑着说："因为家人。我是溧水人，不管在外打拼多久，我的家始终在这里。其实在外地的时候，我一直都想要回家，想跟家人在一起，做自己喜欢的事，过想过的日子……"

肖鹂不是个甘于平庸的人，不喜欢走那种一眼望得到终点的"单行道"，她总想要活得精彩、再精彩一点。与生俱来的随性使得她的人生之路走得与众不同，而在长期的学习和工作中磨炼出的勤奋与认真，又使得她的涉足之处步步生莲。

心怀感恩：是四类"贵人"成就了今天的我

从房产销售新人，到溧水餐饮巨头，一路走来，看似风光无限，实则困难重重。如今回忆起艰难岁月，肖鹂脸上满是感恩之色。她告诉笔者，自己能够取得今天的成绩，主要归功于四类"贵人"相助。一是同事，二是客户，三是家人，四是溧水中等专业学校的老师们。

家人，是肖鹂坚强的后盾，也是后来她回到溧水发展的最重要的原因。"如果得不到家人的支持，那么做任何事情都可以说是寸步难行。"肖鹂坦言，从事房产销售工作非常辛苦，"当时为了做好业务，每天工作之余，我都要学习经济、旅游、投资、股票等领域的最新知识，整个人疲惫不堪。如果没有家人的支持、鼓励和体谅，我不可能做得那么好，也不可能过得像现在这样轻松愉快。"

肖鹏总是谦虚地将自己取得的成绩归功于朋友的帮助，但在朋友们看来，其实肖鹏自身的真诚与刻苦，才是她走向成功的最大法宝。

肖鹏说，自己很幸运，这一路走来有无数好心人不计回报地向她伸出援手。其实，正是因为肖鹏时时对他人报以无比的赤诚之心，无论对方是亲朋好友还是擦肩过客，即使是在生意场上，面对高额利润的诱惑，她依然选择直言好坏利弊，绝不欺瞒。这样的处世之道，使她赢得了广泛的赞誉和尊重，赢得了无数朋友的真诚以待。肖鹏说，她碰到过的难事数不胜数，但从没有哪一件让她一蹶不振、就此罢休的。在困难面前，她反而越挫越勇，最终总会想出方法破解僵局。她说，这一路跌跌撞撞，但走得并不辛苦，因为心中热爱，所以做什么都充满激情；因为一边前行，一边学习、积累，所以每一步都走得踏实心安。

"我一直被优秀的人影响着，一直被帮助，所以想着自己也要向他们看齐，做一个优秀的人，做一个可以帮助他人的人。"肖鹏笑着说，"年轻人嘛，心态要端正，要有热情、有活力，很多事不需要问结果，只管努力地去做就好了。总有人在我们身边默默地支持我们，所以我们也应该用勇敢无畏的姿态去感染身边的人，凡事都应该尽力而为，不留遗憾。"

在采访过程中，肖鹏一直沏茶添水，始终面带微笑。店里间或有客人进出，肖鹏每每告一声抱歉，而后起身收银、开具发票、与工作人员进行核对，诸事亲力亲为，不摆一点架子。她的大边牧艾达则一直静静地卧在主人脚旁，偶尔抬头看一眼，得到爱意满满的抚摸后，又沉沉睡去。"做好当前事，爱生活，爱自己，爱家人。"在肖鹏身边，时光仿佛变得很慢、很闲适，生活也温柔雅致得绽放出一朵花来。

肖鹏常说："总有人在默默支持你，而你不自知。"唯愿每一个在奋斗路上的人，都不孤单，都能得偿所愿。

人生感悟：

我喜欢成熟的麦子：总是低着头，却不失灿烂与芳香。人生更应该如此，越是谦卑与低调，越是减少人为干扰和阻碍，才越容易跨进成功之门。低下头，做好自己，这是一种生活的智慧，一种豁达的胸襟，也是人生的最高境界。

图书在版编目(CIP)数据

群星璀璨:江苏省溧水中等专业学校优秀毕业生风采录/潘惠明主编.
—合肥:合肥工业大学出版社,2019.5
　　ISBN 978－7－5650－4490－8

　　Ⅰ.①群…　Ⅱ.①潘…　Ⅲ.①溧水中等专业学校—毕业生—先进事迹
Ⅳ.①K820.7

中国版本图书馆 CIP 数据核字(2019)第 104792 号

群 星 璀 璨
——江苏省溧水中等专业学校优秀毕业生风采录

潘惠明　主编　　　　　　　　责任编辑　张　燕　许璘琳

出　版	合肥工业大学出版社	版　次	2019 年 5 月第 1 版
地　址	合肥市屯溪路 193 号	印　次	2019 年 9 月第 1 次印刷
邮　编	230009	开　本	710 毫米×1010 毫米　1/16
电　话	总　编　室:0551－62903038	印　张	9.25
	市场营销部:0551－62903198	字　数	108 千字
网　址	www.hfutpress.com.cn	印　刷	安徽联众印刷有限公司
E-mail	hfutpress@163.com	发　行	全国新华书店

ISBN 978－7－5650－4490－8　　　　　　　　定价：48.00 元
如果有影响阅读的印装质量问题,请与出版社市场营销部联系调换。